너의 마음에 햇살이 들기를

너의 마음에 햇살이 들기를
지친 하루에 건네는 다정한 위로

초판 인쇄 | 2025.7.10
초판 발행 | 2025.7.10

지은이 | 김지영, 강진옥, 김소연, 김현주, 김혜리, 박영옥, 우연희, 정경자
디자인 | 사라
발행인 | 변은혜
발행처 | 책마음

출판 등록 | 2023.01.04 (제 2023-1호)
주 소 | 원주시 서원대로 427, 203-1401
전 화 | 010-2368-5823
이메일 | book_maum@naver.com

값 16,800원
ISBN | 979-11-94921-09-7(03810)

본 책은 저작자의 지적 재산으로서 무단 전재와 복제를 금합니다.

너의 마음에 햇살이 들기를

김지영
강진옥
김소연
김현주
김혜리
박영옥
우연희
정경자

책마음

프롤로그

우리 모두의 마음에 햇살이 들기를

우리는 모두 각자의 어둠을 품고 살아갑니다. 말하지 못한 아픔, 혼자 삼킨 눈물, 괜찮은 척 버텼던 시간들. 때로는 아무 일도 없었는데도 마음이 가라앉고, 세상이 나만 빼고 움직이는 것처럼 느껴지는 날도 있지요.

하지만 그런 날에도 어김없이 찾아오는 것이 있습니다. 창문을 타고 스며드는 한 줄기 햇살처럼, 문득 들려온 다정한 말 한마디처럼, 어떤 순간은 조용히 마음을 어루만집니다.

『너의 마음에 햇살이 들기를』은 여덟 명의 저자가 저마다의 삶 속에서 발견한 작고 따뜻한 빛을 모은 책입니다. 완벽

하지 않아도, 빛나지 않아도 괜찮았던 순간들. 그 진심이 누군가의 회복이 되기를 바라는 마음으로 한 편 한 편 써 내려갔습니다.

당신이 이 책을 펼친 지금 이 순간, 누군가의 이야기가 당신 마음에 스며들어 "나도 그랬어" 하고 말할 수 있기를. 이 책이 당신의 하루에 조용히, 그러나 분명히 햇살이 되어 닿기를. 그렇게 우리 모두의 마음에도 다시, 따뜻한 빛이 들기를 진심으로 바랍니다.

엮은이 이은혜

목차

프롤로그 • 4

1장 마음이 흐릴 때, 햇살을 기다리며

또 다른 시선이 있다는 걸 • 10
몰라도 좋으면 그만이지! • 16
사바 아사나를 위한 시간 • 22
돌아갈 곳을 잃지 않기 위해 떠난다 • 28
식물도 자살을 한다 • 33
촌에서 왔습니다만 • 40
우산 • 47
늙었지만 괜찮아 • 53
풀 뽑기 • 59
아무도 몰랐던 무너짐 • 66
빨래 널다 문득, 마음이 개다 • 71
게으름이라는 숨 • 75
나에게 띄우는 안부 한 줄 • 79
괜찮지 않아도 괜찮아 • 83
숨 고르기의 기술 • 87
조용한 승리의 밤 • 91
눈싸움 • 95
나무들의 기지개 • 98
쓰기와 읽기는 나에게 명상이다 • 101
사랑은 • 104
사랑밥 • 107

언제 생생한 살아있음을 느끼는가? • 110
아가야, 네가 어른이 되면 • 114
느려도 괜찮아, 불안해하지마 • 122
오늘도 수고했어, 토닥토닥 • 129
우리 다시 사랑하자 • 136
넌 충분히 멋진 엄마야 • 144

2장 햇살처럼 누군가의 마음에 닿기를 바라며

커피 한 잔의 특별한 위로 • 154
같이 가치-함께 걷는 길 • 159
내 곁의 '남'을 편 • 165
엄마라는 텃밭 • 171
음악이 말을 걸어온 순간 • 176
나는 내 삶을 살았는가? • 182
고아가 되었다 • 192
건강하게 홀로 서자 • 201
기적 • 210
여기 • 213
우리 • 214
이어달리기 • 216
초심 • 218
회상 • 220
나는 어디로 • 222
하이킥 • 224
석양 • 226
파도 • 228
온기 • 230
나는 어떤 빛일까 • 232
하늘 편지 • 23
시를 쓴다는 것 • 236
궤적 • 238

작가소개 • 240

잠시 눈을 감고 편안히 누워 머리부터 발끝까지 나의 몸을 훑게 하셨다. 햇살이 온몸을 타고 내린다고 느껴보라며 머리, 가슴, 배, 무릎, 발가락으로 보내라고 하셨다. 그러면 진짜 내 몸에 따뜻한 햇살이 비치는 듯 따스해진다.

〈사바 아사나를 위한 시간〉 중에서

1장

마음이 흐릴 때, 햇살을 기다리며

또 다른 시선이 있다는 걸

결혼하고 보니 연애할 때와 전혀 다른 사람과 함께 사는 기분이었다. 대화를 나누고 싶은데 그 사람이랑은 대화가 좀처럼 잘되지 않았다. 정말 화성인과 금성인 같았다. 대화가 안 되는 것이 모두 내 탓인듯해서 혼자 고민을 했다. 내 주변에 결혼한 친구가 없었고 엄마에게 물으면 돌아오는 답은 그저 참고 지내란 말뿐이었다. 어디에서도 답을 구할 수 없었다.

답을 찾고 싶어 도서관으로 갔다. 대화를 잘할 수 있는 기술을 알려주는 책을 찾기 위해 서가 사이를 헤맸다. 책등만 봐서는 어떤 내용인지 짐작하기 어려웠다. 우선 필요한 내용이 담겨 있을 것 같은 책들을 골라놓고는 다른 서가도 서성거렸다.

도서관을 처음 찾았을 때의 마음은 대화를 잘하고 싶은 것이었지만, 그 일로 인해 나는 점점 읽는 사람이 되어갔다. 책 등의 제목을 보고 끌리는 데로, 대여할 수 있는 최대 권수를 대여해 왔다. 다 읽지 못하고 반납하는 경우가 더 많았지만 즐거웠다. 책을 읽지 않고 쌓아두기만 해도 좋았다. 지적 자산을 많이 가진 사람처럼 보이니 가지고 있는 것만으로 좋았다.

책은 사람을 자꾸 수다스럽게 만들었다. 옆 사람이 듣고 싶어 하지 않음에도 불구하고 책 내용을 자연스레 이야기했다. 내가 이해하지 못한 부분을 누군가 속 시원히 알려줬으면 좋겠다고 생각했다. 도서관에서 운영하는 독서 모임이 있다는 걸 알게 됐을 때, 주저 없이 신청했다.

처음 독서 모임에 나갔을 때, 정말 어색했다. 일단 책을 읽어 가야 했고, 어떤 이야기를 나누게 될지 전혀 알 수 없는 상태였다. 제일 큰 난관은 자기소개 시간이었다. 모임에선 나의 신상보다는 그저 책을 언제, 어떻게 읽기 시작했는지를 궁금해했다.

짧게 인사를 나누고 리더가 준비한 토론지로 이야기를 나눴다. 책 내용만으로 토론했고 너무 한 사람 위주로 토론하지 않고 두루 말하게 하는 것도 좋았다. 약간 힐링이 되는 기분이었다고 할까. 내 속에 있던 책의 내용과 질문들이 둥둥 떠다니다가 갈 곳을 찾아 입을 통해 쏟아지는 기분이었다. 다음 모임 책을 읽을 생각에 집으로 돌아가는 나의 발걸음은 무척 가벼웠다.

처음엔 독서 모임이라고 하면 그저 책만 읽는 자리일 거라 생각했다. 하지만 그렇지 않았다. 모임 분들과는 일 년에 한 번 힐링 여행도 갔다. 책과 연관된 곳으로 가기도 했고 아닐 때도 있었다. 그래도 결국에는 책과의 연결을 피해갈 수는 없었다. 독서 모임 분 중 한 분이 제주도 여행을 다녀왔다며, 지인의 별장을 소개했다. 우리는 그 덕분에 그곳을 이용할 기회를 얻었다.

다섯 명이 제주로 출발했다. 딱히 일정을 정하고 출발하지 않았다. 제주에 도착해 숙소로 가서 우리가 한 일은 그달 책 모임을 가진 것이었다. 모임 날이 끼어 있었기도 하고 독서 모임 회원들의 여행이었으니 당연하게 여겼다. 그리고서야 내일 어디 갈지를 이야기했다. 모임 분들 모두 미술관과 책방은 반드시 가야 한다고 했다.

다음날 미술관을 가고 해변을 돌아보고 아주 예쁜 정원 카페에 들어갔다. 그곳에서 김연수 작가님을 만나게 되었다. 정말 반가운 마음에 내 입에서 "작가님이다."라는 말이 나왔고, 모임 회원 중 한 분이 같이 사진 찍어 줄 수 있느냐고 물었다. 작가님은 흔쾌히 회원 모두와 사진을 찍어주셨다.

자연스레 김연수 작가의 작품에 대해 이야길 나눴고 다음 번엔 작가님 책으로 모임을 하자고 의견을 모았다. 많은 작품 중 우리는 『굿빠이 이상』을 선택했다. 이렇듯 책과는 무관한 곳으로 여행을 떠났음에도, 결국 다시 책과 연결되는 순간이었다.

피곤한 하루에 지쳐서 독서 모임에 가고 싶지 않은 날도 있었다. 일을 하면서 많은 말을 쏟아내고, 뒤치다꺼리를 해주고, 이리저리 쫓아다니다가 집에 오면 온몸이 절인 배추처럼 흐물거렸다. 그냥 소파에 누워 다음 날 아침에 눈을 떴으면 좋겠다는 생각이 들 정도였다.

그런 날 모임을 다녀오면 절인 배추가 다시 밭으로 갈 수 있는 배추가 된 듯 피곤이 사라져 버리는 신기한 체험을 하곤 했다. 도서관까지 터덜터덜 걸어갔지만, 돌아갈 때는 힘차게 걸어서 집에 들어가는 나를 보며 그저 웃음이 났다.

    토론하면서 위로받는 순간이 참 많았다. 내 생각을 이야기하는 것이지만, 적당히 퉁 치고 적당히 묻어가며 내 이야기가 아닌 듯 얘기할 수 있었다. 책 속 주인공에게서 '나만 이렇게 힘들게 살고 있는 건 아니구나'라는 걸 얻어 오기도 했다.

    같은 책을 읽고 다른 생각을 할 수 있다는 걸 알게 되었다. 한 권의 책을 읽고 서로 다른 생각을 나누며 타인을 이해하는 힘이 조금 더 생겼던 거 같다. 하나의 문장을 놓고 모임 분들 모두가 다른 생각을 할 수 있음을 알게 되었고, 나와 상대가 같은 것을 놓고 대화를 하더라도 다르게 생각할 수 있음을 인정하게 됐다.

    책 속 배경이 지금의 나와 전혀 다름에도 그 시절의 어려움이 내내 어려움으로 남아 내게 질문을 던졌다. 그 질문을 받아 들고 허둥대기도 했지만, 나만의 해답을 찾아가게 한 것이 독서 모임이었다. 읽고 생각하고 말하는 동안 타인을 이해하게 되기도 했지만 나를 더 깊게 바라볼 수 있게 되었다.

    해답을 찾아가는 과정에서 어떻게 해야, 무엇을 해야 대화를 잘할 수 있게 되는가를 더이상 생각하지 않게 되었다. 그저 상대가 나와 다른 생각을 할 수 있다는 것을 먼저 인정하면 된다는 걸, 읽고 토론하며 알게 되었다. 상대를 대하는 나의 태도가 바뀜으로 인해 타인의 말에 덜 상처받게 된다는 사실 또한 알게 되었다. 이런 깨달음을 통해 화성인과의 대화는 언제나 그가 타인이라는 걸 인정하고 시작하게 되었고, 나름 답을 찾은 듯했다.

김지영

햇살 한 문장

읽고 생각하고 말하는 것은 나를 더 깊이 이해하는 일이며,
타인을 이해하는 일이었다.

몰라도 좋으면 그만이지!

메일로 여행 작가의 레터를 받는다. 요즘 작가들 사이에서 많이 시도되고 있고, 독자들의 반응도 좋아 꽤 오랫동안 꾸준히 받아보고 있다. 짧은 글과 사진 그리고 음악을 넣어서 보내올 때가 있다. 대부분 모르는 음악이다. 작가가 좋아하는 음악 영역이 참 넓다고 생각했다.

재즈와 올드 팝은 물론이고 클래식까지, 자신이 자주 듣는 것을 보내온다. 부러운 일이다. 나에게 음악이란 모르는 세계다. 책은 물성이 있고 줄거리가 짜여 있어, 그것을 읽어내고 내 생각을 섞어서 설명하기가 쉽다. 하지만 음악은 잘 듣는다 해도 머릿속에 이야기로 남아 있지 않으니 설명 자체가 어렵다.

 음악이 귀를 통해 들어와 머릿속에서 이야기를 만들어내고, 다시 들었을 때 '그 곡'임을 알아차려야 하는데, 나에겐 그런 비물질적인 것을 포착하는 능력이 부족한 듯하다. 베토벤의 운명교향곡이 있다는 건 알지만, 그 음악을 들었을 때 '이것이 운명교향곡이다.'라고 꼬집어 설명할 능력이 없는 것이다. 내겐 이야기가 없는 음들이 모여 있는 클래식과 재즈라는 장르는 아주 어려운 영역이다.

 책을 읽을 때 몰입을 위해 음악을 틀어놓을 때가 있다. 음악 앱에서 다른 이들이 나눠둔 곡들을 그저 배경음악으로 깔아둔다. 너무 조용한 것보단 몰입이 잘 되는듯해 그렇게 한다. 어느 날은 슈만을, 어느 날은 바흐를, 어느 날은 슈베르트를. 맥락이 없다. 앱을 열었을 때 어제 듣던 그대로 들을 때도 있다. 음악은 그저 배경이니까 말이다.

 무라카미 하루키와 최갑수 여행 작가님이 좋아하는 재즈를 더했더니 배경음악이 더 다양해졌다. 재즈라는 영역. 재즈는 잘 모르지만, 그냥 듣는다. 듣는 건 어렵지 않다. 누군가가 무얼 듣느냐고 묻지 않는 한 좋은 것이다. 설명해야 하는 순간 내가 느끼는 것은 이야기할 수 있지만, 다른 사실은(작곡가가 누구이며, 누가 연주하는지) 이야기할 수 없다. 내가 아는 영역이 아니다.

도서관에서 클래식 강의가 있었다. 작곡가의 삶과 함께 그 곡이 어떻게 탄생했는지에 대해 강의해 주셨다. 쉬는 시간, 왜 우리는 클래식을 어려워하는지에 대해 강사님과 이야기를 나눴다. 그 한 가지로 학생 때 음악 시간을 이야기하셨다.

무언가 듣는 일은 설명이 필요한데 그 설명 없이 시험을 위해서 정답만 요구했다는 것이다. 내 기억도 그랬다. 음악 시간에 어떤 피아노곡을 틀어주시면서 생각나는 대로 이야기를 만들라고 했다. 그런 음악은 텔레비전에서 배경음악으로 나 올 때만 들었던 곡이었다. 피아노곡은 무언가 떠오르게 하지 않았다. 하지만 그 시간 안에 무언갈 적으라고 내게 요구했다.

정답을 만들어 두고 그 답을 맞히라는 거였다. 피아노곡을 처음부터 끝까지 듣는 일도 처음인데 그 곡을 듣고 뭔가를 생각해 글로 적어야 하는 일은 더 어려운 일이었다. 사전에 알고 있는 지식이 전혀 없었다. 그렇게 음악은 내게 어려운 일이 되어버렸다.

또 도서관 강사는 일상에서 누리지 못하던 게 클래식이라고 말했다. 우리가 늘 듣는 것이라곤 차가 후진할 때 듣는 '엘리제를 위하여' 정도라고 하시며 웃으셨다. 어렸을 때 문간방에 피아노 학원 선생님이 살았었다. 그때 피아노를 배웠다면 더 잘 이해했을까. 더 잘 외우고 다른 사람에게 설명해 낼 수 있었을까. 그 학원에 다니고 싶어 몇 날 며칠을 졸랐지만, 집안의 넷째에게 학원은 아주 먼 곳이었다. 그렇게 피아노곡을 알 기회를 놓친 것이 못내 아쉬웠다.

친구 중 하나가 클래식 저널리스트와 결혼했다. 결혼 초 남편과 함께 공연을 보러 가면 정말 긴장을 많이 했다고 했다. 평생 클래식을 들으며 살지 않은 사람이라 듣다가 이해 못 하는 걸 들키는 건 문제가 아닌데 졸다가 남편을 창피하게 만들어 버릴까 봐서 말이다.

친구의 남편이 옆에서 조용히 그 곡에 관해 설명해 주고 글을 쓰기 위해 집에서 또 한 번 그 곡들을 듣게 되는 일이 20년. 이제야 조금 알게 된 거 같다고 했다. 자신을 지루하게 만드는 곡과 그렇지 않은 곡들을 알아챌 수 있고, 어느 누가 연주하느냐에 따라 듣기가 더 즐거워질 수 있음을 말이다.

어느 해부터 독서 모임에서 영화 토론을 하게 했다. 난 영화를 어떻게 토론할 수 있을지 걱정했다. 영화 내용 위주로 이야기했는데 다른 한 분이 음악이 좋았다고 했다. 순간 '앗! 영화는 음악까지도 읽어야 하는 일이구나'라고 도끼가 내리쳤다. 영화엔 음악감독도 존재한다는 걸 알고 있었지만, 그때 처음으로 내 머릿속에 자리 잡게 된 것이다.

다음 영화부터는 음악도 들으려 노력했지만, 음악이란 게 노력한다고 좋음과 싫음이 명확하게 다가오진 않았다. 영화 내용과 음악이 어우러짐을 느끼는 일이 내겐 여전히 어렵다. 하지만 듣는다. 아직은 이 음악이 이 영화에 어울리는지 명확히 구분해 낼 수 없지만, 음악감독이 이 음악을 이 영화에 쓴 이유가 분명히 있을 테니 그저 조용히 듣는다.

영화에 쓰인 음악이 좋은지 안 좋은지 알아채는 모임분과 클래식에 박식한 남편을 둔 친구처럼 나도 좋은 음악을 알아채고 싶어 나를 몰아칠 때도 있었다. 매일 보고 듣는다고 그렇게 되지 않을 일임을 이젠 안다. 음악은 감각으로 알아채지는 부분이 있다는 걸 이미 많은 사람이 알려줬기 때문에.

그래서 지금, 이 순간, 그냥 듣기로 한다. 내게 음악은 설명이 필요 없는 배경음악이니까. 반드시 그 음악에 대해 설명

할 수 있어야만 하는 건 아니라 생각한다. 그저 듣고, 느끼고 그날 내 기분에 따라 듣기 좋은 곡을 선곡하는 일만으로도 충분하다. 들으며 흥겨워진다면 그걸로도 충분히 좋은 일이다. 모든 사람이 모든 것을 다 알아야 하는 건 아니니깐.

김지영

햇살 한 문장

모두가 이해하고 듣지 않아도 괜찮다. 그저 배경음악이어도 괜찮으니까

사바 아사나를 위한 시간

　한 직업을 삼십 년 가까이 해 오고 있다. 몸과 마음을 다 써야 하는 일이다. 이는 몸도 마음도 지치는 날이 많다는 말이다. 샤워하다 멍이 든 피부를 보며 어디서 부딪힌 건가 생각한다. 기억이 나지 않을 때가 태반이다. 바쁜 와중에 생긴 것이라 그렇다. 내 뜻과 같이 내 말을 알아듣지 않으려는 사람 때문에 마음이 다치기도 한다. 몸에 든 멍은 기다리면 지워지지만, 마음이 다치면 잘 나아지지 않는다.

　이직하며 퇴근 시간이 조금 빨라졌다. 운동할 수 있는 시간적 여유가 생긴 거다. 무얼 할 수 있을까를 고민했다. 몸도 마음도 수련할 수 있는 요가를 시작했다. 첫 요가원에 갔을 때 원장이 요가를 선택한 이유를 물었다. "글쎄 많은 사람이 하기도 하고 뛰거나 걷는 거 말고 다른 걸 하고 싶다."고 했다. '종일 종종걸음치며 쫓아 다녀야 하는 일을 하기에 정적인 것이 하고 싶다.'는 속마음은 드러내지 않았다.

첫 번째 수업에 들어가니 정말 많은 사람이 수업을 듣고 있었다. 양팔을 벌릴 수조차 없을 정도로 옆 사람이 가까이 있었다. 원장의 수업이 시작됐고 나의 한심한 육체는 모든 자세를 따라갈 수 없었다. 절망하진 않았다. 첫 수업이었으니 점차 나아지리라 생각했다.

한 달 정도 지났을 때 옆 사람과 비교하는 나를 발견했다. 누구도 그렇게 하라고 시키지 않았는데 스스로 그러고 있었다. 팔을 벌릴 때마다 옆자리 회원에게 눈이 갔다. 얼마나 요가를 하신 분일까. 다리와 팔을 정말 자유자재로 뻗치고 균형도 잘 잡았다. 원장이 자세를 알려주면 그대로 복사했다. 자꾸 눈길이 가는 건 어쩔 수가 없었다.

집에 돌아와서도 계속 옆 사람이 생각났다. 그렇게 하지 못하는 내가 한심했다. 나도 그렇게 되고 싶었고 그 맘이 나를 아프게 했다. 그 사람처럼 해내고 싶어 내 몸 상태를 생각하지 않고 상체를 들었다가 며칠 요가를 쉬어야 했다. 욕심 많은 내게 맞지 않는 운동이라 여기며 요가를 그만두었다.

반백 살이 되었을 때 몸의 이곳저곳이 아파오기 시작했다. 운동을 해야 한다는 의사의 권고도 받았다. 내가 무얼 할 수 있을까를 또 고민했다. 몇 년 전 그만둔 요가가 떠올랐다. 그때보단 욕심을 덜 부릴 테다. 욕심도 나이를 먹었으니.

이번엔 집 근처, 새벽반이 있는 요가원이었다. 새벽반 요가를 찾는 건 아주 힘든 일이었다. 우리 동네엔 겨우 두 곳뿐이었다. 작은 도시이기도 하지만 요가보단 필라테스가 더 유행이라 요가원이 많이 사라져 버렸다.

다시 시작한 요가원에서 첫 느낌은 긍정의 힘이었다. 이 요가원엔 세 분의 샘이 있었고 그중에서 내가 제일 좋아하게 될 샘이 첫 수업을 진행하셨다. 새벽이라 천천히 움직이셔야 한다며 몸을 예열하게 준비하며 시작했다. 샘의 목소리는 힘이 있었고 새벽이라는 시간과 상관없이 조용하지만 단호하게 내뱉듯 말하는 소리가 참 좋았다.

오래 다닌 회원들과 새로 나온 회원들 모두를 배려하며 자세를 설명하는 점 또한 좋았다. 제일 좋았던 건, 자신의 몸을 들여다보라며 자신이 할 수 있는 만큼만 하면 된다고 말해 준 것이다. 자기 근육과 뼈들이 감당할 수 있는 범위까지만 움직여야 탈이 나지 않는다고 했다. "천천히 따라 하시고, 끝까지 따라 하지 못해도 괜찮습니다. 다만, 자세 중간에 멈추지만 마세요."라는 말이 오래도록 마음에 남았다.

다리를 쭉 뻗어 골반을 접어 상체와 하체를 만나게 하는 파스치모타나 아사나를 하게 되면 자세의 마지막은 발을 잡고 얼굴을 무릎 사이에 두는 자세가 된다. 그 자세는 유연하지 않은 사람에겐 쉽지 않다. 그런 사람이 많은지 샘은 무릎을 접고 가슴을 허벅지에 대고 기다리라고 했다. 할 수 있는 만큼만 할 수 있게 다른 방법을 알려주신 거였다.

가르치는 방법이 좋았다. '다른 사람은 되는데 나는 왜 안 될까?'라는 생각이 들지 않았다. 기본적으로 다른 회원과 내가 다름을 인정하라고 가르치셨다. 한 달 정도 지났을 무렵 알 수 있었다. 꾸준함이 이긴다는 걸 말이다. 파스치모타나 아사나의 마지막 자세까지 약간 버겁지만 해낼 수 있게 된 것이다.

샘은 항상 칭찬을 잊지 않았다. 어제보다 오늘 더 유연해지셨다면서, 어제와 오늘의 내 몸을 생각하게 하셨다. 새벽에 일어나 요가를 하고 출근하는 게 무척 무리가 되었지만, 그

샘을 만나는 날은 신나게 요가원을 갔다. 이 샘과 요가를 하는 타임 중 끝 시간, 그러니까 사바 아사나를 할 때 제일 행복해진다.

잠시 눈을 감고 편안히 누워 머리부터 발끝까지 나의 몸을 훑게 하셨다. 햇살이 온몸을 타고 내린다고 느껴보라며 머리, 가슴, 배, 무릎, 발가락으로 보내라고 하셨다. 그러면 진짜 내 몸에 따뜻한 햇살이 비치는 듯 따스해진다. 그 느낌, 그 기분을 긍정의 힘으로 바꿔주면서 하루를 기분 좋게 살게 해주셨다.

'오늘도 요가원에 나갔고 사바 아사나까지 해낸 내가 대견해지는 새벽이었다'라는 생각을 하며 집으로 돌아왔다. 요가를 다녀온 날은 뿌듯하게 하루를 시작할 수 있었다. 그러다 요가원의 프로그램이 바뀌었고 참여하기 어려워졌다.

그래서 홈 요가를 시작했다. 자세를 따라 하다 쉬게 되더라도 시작한다. 사바 아사나를 하기 위해 버틴다. 지금은 조금 게으르게 배우고 있다고 생각한다. 안 되는 자세, 어려운 자세에서 집중이 흐트러지지만 그래도 요가하려는 마음을 놓지 않으려 한다.

마음이 많이 지친 날은 더더욱 요가를 하려고 한다. 천천히 따라 하며 내 몸을 바라보는 일이 마음마저 보듬을 수 있는 일이라는 걸 알게 됐기 때문이다. 요가를 시작하고 사바 아사나까지 마친 날과 그렇지 않은 날의 마음 상태가 다르다.

 햇살을 내게 보내는 자세인 사바 아사나를 항상 마음에 가지고 산다. 눈을 감고 잠시 내 몸을 바라보는 것으로 시작하는 자세. 그 자세를 하다 보면 내 몸으로 좋은 기운이 내려지는 걸 알아채게 된다. 내 마음만 아는 일이지만. 그렇게 따스해진 몸은 내 다친 마음에도 햇살을 내려 차가워진 마음까지도 데워준다. 사바 아사나를 위해 오늘도 홈 요가를 한다.

김지영

햇살 한 문장

내 몸과 마음에 햇살을 들이는 일 - 사바 아사나

돌아갈 곳을 잃지 않기 위해 떠난다

 모래사장에 앉아 있다. 아직 해가 뜨기 전이다. 손에 카메라를 들고 있다. 해가 뜨기 전인데 저기 멀리엔 낚시꾼이 이미 자리를 잡았다. 파도가 높지 않다. 해가 예쁘게 나올 거 같다. 하늘에 구름이 있어 해가 가려질지도 모르겠다.

 사진에 해를 잘 담기 위해 이리저리 생각한다. 자연은 내가 생각과 같을 수 없다는 걸 알면서도 예단해 본다. 그런 내가 가소롭다는 듯, 해는 구름에 가려 동그랗게 뜨지 않는다. 대신 구름에 가려 빛을 내리는 풍경을 연출하고 노랗게 빛나는 빛들을 바다에 뿌렸다. 새벽 바다는 이랬다. 펜션의 앞마당은 청간해변이었다.

강원도 고성엔 친구가 산다. 휴전선 바로 아래 동네 거진에 사는 친구는 바다 근처에 사는 게 그렇게 좋은 것만은 아니라고 얘기한다. 봄이 오면 강원도 쪽으로 건조주의보가 내려 크고 작은 산불은 매년 거르지 않고 산과 집을 태운다고 했다. 산이 까맣게 변하고 살아남은 집 사이로 까맣게 변한 집과 흙이 견딜 수 없이 슬프다고 했다.

그 산과 집들이 제 모습을 찾기까지는 오랜 시간이 걸린다고, 그 일이 지지부진하다고 했다. 그것은 보는 사람으로 하여금 자연 앞에 참으로 작은 존재인 자신을 깨닫게 한다고. 그런 일은 자주 일어나면 안 될 일인데 너무 빈번히 일어나 지치는 마음이 크다고, 그게 죄스럽다고 했다.

여름엔 태풍이라는 거대한 자연이 고성 바다를 깨우고 간다고 했다. 그 바람으로 지붕이 날아간 집들도 있다고, 바람이 무서운 걸 거진에 가서야 알았다고 했다. 나는 매번 친구에게 바다 가까이에서 살고 싶다고 했다. 그럴 때마다 친구는 그냥 여행으로 오라고 했다. 바다는 가까이 두고 보기엔 좋은 것보다 무서울 때가 많다면서.

내가 사는 소도시에서 바다를 보기 위해선 일단 기차를 타야 한다. 동해까지 가는 시간이 세 시간 정도 걸린다. 동해까지 가는 동안 많은 소도시들을 거치는 기차다. 영월, 민둥산, 사북, 태백, 도계, 그리고 동해. 기차가 서는 역 중에서 내가 가본 도시들이다. 기차는 정차하는 도시들 때문에 소요 시간이 오래 걸리긴 하지만 그 나름 정취가 꽤 좋다.

예전에, 이 기차는 정동진을 지나 강릉까지 가던 기차였다. 밤 11시 조금 넘어 기차를 타면 새벽에 도착해 정동진의 일출을 볼 수 있는 기차였다. 기차를 타기 전 든든히 야식을 챙겨 먹었지만 기차 안 카페를 그냥 지나칠 수 없어 맥주 한 캔을 땄던 추억이 있는 기차다. 그 한 캔 덕에 기차 안에서 그나마 눈을 붙일 수 있었고 그 긴 시간을 딱딱한 의자에 앉아 있을 수 있었다.

정동진에 도착해 역내에서 일출을 기다린다. 서서히 떠오르던 해를 보며 한때 시청률이 꽤 높았던 드라마를 떠올렸다. 그곳에 앉아 있는 내 나이의 사람이라면 누구나 그럴 것이라 생각했다. 드라마가 너무 흥행해서 그 시간대의 거리엔 개미 한 마리 볼 수 없었다는 소문도 있었다.

정동진역사도 그 드라마 촬영지였고, 그 드라마 덕에 유명해진 소나무도 있다. 그렇게 추억을 곱씹으며 일출을 보고 나면 갑자기 허해진다. 배고픔이기도 하고 더 이상 목표가 사라졌을 때의 허탈함이기도 한 기분. 그러면 그땐 일찍 문을 여는 커피숍을 찾아 들어가야 한다. 배고픔도 허탈함도 무언가 허기에서 시작되는 것이니 채워야 한다.

두어 시간이 지나면 해가 바다 위로 모두 올라가고 기온이 조금 올라갈 때쯤 커피숍을 나온다. 바닷바람보다 아침 햇살의 따스함이 피부를 간지럽힐 때까지 걷는다. 골목을 기웃거린다. 아침으로 먹기 적당한 백반집을 찾아 들어가 따뜻하게 위장도 채우고 다시 햇살을 맞으러 해변으로 간다.

집으로 가는 기차 시간이 될 때까지 바다를 바라본다. 바다를 보러, 온 새벽을 다 썼지만 정작 바다를 바라본 시간은 그 시간에 훨씬 미치지 못한다. 그런데도 다시 바다를 보러 갈 계획을 세운다. 바다는 배고픔이랑 비슷하다 채워진 듯 채워지지 않는다.

바다에서 서핑하는 사람들을 본 적이 있다. 내 눈에 그들은 바다를, 파도를 이기려는 자들처럼 보였다. 그들은 자신의 목숨을 작은 페달에 걸고 파도를 타는 것이리라. 절대 가볍지 않은 취미이다. 그들에게 바다는 자신의 세계를 던지고 받아줄 때까지 던지는 곳이리라. 그렇게 던지고 다시 집으로 돌아가 아무렇지 않은 듯 또 다른 하루를 견딜 것이다.

내게 바다는 그런 곳이다. 힘듦을 던지러 가는 곳, 바다를, 파도를, 바다에 뜨는 윤슬을, 하염없이 바라보며 내 안에 좋은 기운을 채우는 곳. 그곳에 가고 싶어질 때는 언제나 무언갈 비워야 할 때였고, 바다는 언제나 그런 날 무한히 받아준다.

바다를 보면 무엇이 달라질 수 있다고 믿기에 나는 툭하면 바다를 보러 가자고 외치는 건가. 그리움인가 허전함인가. 그것도 아니면 태곳적으로 돌아가고 싶은 맘일까. 바다는 언제나 그 자리에 있어 쉽게 볼 수 있다. 바라보고 있으면 세상사가 그렇게 애써야 할 일이 아니라는 생각이 든다. 그러니 바다를 보러 가볍게 떠났다가 다시 집으로 돌아오는 것이다.

바다를 보러 떠나는 것은 다시 돌아와야 할 곳이 있기 때문이고, 그곳에서 더 잘 살아내기 위해 잠시 떠나는 것이다. 돌아갈 일상이 있어 툭하면 바다로 여행하는 것이다.

김지영

햇살 한 문장

돌아올 곳이 있기에 떠나는 것이다.

식물도 자살을 한다

잘 크던 뱅갈고무나무가 갑자기 죽었다. 습했던 것도 물이 모자란 상태도 아니었다. 알 수 없는 이유로 그냥 죽었다. 식물도 자살한다는 터무니없는 생각을 했다. 갑자기 그렇게 될 수 있는 일이 아닌데 잎을 모조리 떨구고 민둥나무가 되더니 말라가기 시작했다. 마음이 너무 안 좋았다.

'왜 죽어?' 내가 사랑을 열심히 줬는데. 그리고 며칠 되지 않아 친정아버지가 입원하셨다. 그리고 얼마 후 돌아가셨다. 뱅갈고무나무가 내게 큰일이 생길 거라는 걸 미리 알려준 거라고 생각했다. 식물 하나에 너무 깊은 의미를 둔다고 주변에선 어이없어했다. 하지만 식물이 그런 큰일을 먼저 알아챌 수 있다고 나는 믿는다.

　식물들이 싫었다. 결혼하고 너무 많은 화분이 있는 집으로 내가 들어갔고 그 화분들보다 못한 존재로 십여 년을 살아야 했다. 그 시간 동안 나는 애정과 증오 사이에서 끊임없이 흔들렸다. 시어머니의 식물 사랑은 새벽부터 밤늦게까지 이어졌다. 식물과 대화를 나누는 듯한 시어머니의 말소리, 새벽녘 이리저리 화분을 옮기느라 들리는 조그만 손수레의 '돌돌돌' 소리가 몹시 거슬렸다.

　봄이 되어 그 화분들에서 꽃이 피면 약간 사랑스러워지다가, 겨울이 되어 거실 한쪽이 화분으로 채워져 아이들이 놀 공간이 없어지면 다시 그 화분들을 증오하기 시작했다. 나보다 우선이던 화분들이, 내가 귀히 여기는 아이들보다 우위를 차지하게 되었는데도 아무 말 하지 못하던 나를 미워했다.

　아버지가 돌아가시고 조금 우울한 상태가 오래되던 때에 우리 집 근처에 예쁜 화원이 하나 생겼다. 젊은 사장님은 화분도 조금 젊게 가져다 놓는 거 같았다. 초록 화분에 담긴 '파키라'가 날 데려가라고 아주 예쁘게 잎을 벌리고 있었다. 몸통이 아주 통통한 게 정말 가져오고 싶었다.

그렇게 그 아이를 데려온 날, 시어머님을 생각했다. 어째서 식물에 정을 주셨는지, 어째서 식물과 대화를 하셨는지를 곰곰이 생각해 보게 되었다. 식물은 자기를 봐 달라고 적극적으로 다가오지 않는다. 그저 가만히 기다린다. 시끄럽게 하거나 치근덕거리지 않는다. 그저 물을 주면, 사랑을 덤으로 받으려 예쁘게 자라나는 게 전부다.

모든 반려동물에게 하듯, 식물 앞에서도 어느새 혼잣말을 하게 된다. 예쁘다고 전할 수 있는 수단이 말뿐이라서 그렇다. 인간은 식물의 말을 알지 못하니, 인간의 말을 하고 식물은 그저 조용히 들어줄 뿐이다. 아무 말이나 내뱉어도 식물은 어떤 행동도 보이지 않는다. 아니 어쩌면 식물이 어떤 방식으로든 반응하고 있을지 몰라도, 우리가 그것을 알아채지 못하는 것인지도 모른다. 그래도 기뻤다. 자분자분 내 이야길 해도 다소곳이 들어주는 식물이 곁에 있다는 사실만으로, 충분히 위안이 되었으니깐.

그렇게 하나둘 늘어갔다. 그러다 처음 들인 파키라를 잃었다. 이 아이는 다습으로 죽었다. 여름날 그 아이에게 쏟은 애정이 너무 과했던 거다. 그 아이가 남긴 화분을 들고 화원으로 갔다. 다른 아이로 들이고 싶었다. 젊은 사장님이 하는 집

근처 화원은 화분보다는 꽃다발을 더 많이 만들고 계셨다.

다른 화원을 찾았고 그 화원의 단골이 되었다. 자주 가진 않지만 갈 일이 생기면 꼭 그곳만 찾아갔다. 사장님의 설명이 좋았기 때문이다. 화원 집 사장님들에게 많은 이들이 하는 질문은 '물은 언제 주나요?'이고, 모든 사장님은 '며칠에서 며칠 사이'라는 대답을 보편적으로 하신다.

이 사장님은 화초를 키우는 곳이 어디인지를, 해가 얼마나 들어오는지를, 바람이 잘 드는지 구체적으로 물었다.

식물을 키우며 관심을 쏟고 조금씩 자라는 모습을 지켜보며 기쁠 때가 많았다. 반면, 그 아이들을 잃을 때는 슬프긴 했지만, 받아들여야 할 일이라는 것도 배웠다. 내가 너무 과하게 사랑을 주어 과한 습도로, 때론 관심을 못 받아 말라버려서, 때론 이유도 없이 식물들도 죽는다는 걸, 내가 어찌 할 수 없는 일이 있다는 걸 그 아이들이 알려 줬다.

아무리 내가 애를 써도 식물의 언어를 온전히 이해할 수 없다는 사실을, 결국 받아들이게 되었다. 그때 내게 온 식물들은 잘 자라는 아이들도 있었고 잃어버린 아이들도 있었다. 똑같은 애정을 줬다고 생각했는데, 식물마다 받아들이는 방식이 다르다는 걸 알게 되었다. 왜 모든 것이, 이렇게 인간의 사랑과 닮아 있는 걸까.

식물이 자라는 모습을 바라보며 알게 되었다. 누군가에게 사랑은 뜻하지 않게 많다고 느끼는 것일 수도 있고, 또 다른 누군가에겐 너무 적다고 여겨질 수도 있다는 것을. 어쩌면 인생도 그런 것인지 모른다. 어쩔 수 없는 일의 연속, 그저 그렇게 이어지는 과정일지도. 이렇게 식물들을 보며 삶과 죽음을 생각하고, 오늘의 기분을 놓다 보면, 우울에서 벗어날 작은 힘이 생겨났다.

내가 적지 않은 식물들을 키우며 그때 어머니의 나이와 가까워지니, 어머님의 식물 사랑을 조금은 이해하게 되었다. 일찍 혼자가 되셨던 어머니도 어쩔 수 없는 외로움과 우울함이 있으셨을 거란걸 너무 늦게 알게 되었다. 식물보다 더 괜찮은 말 상대가 되어드리지 못한 걸 이제야 후회한다.

식물은 우리가 알 수 없는 방식으로 세상을 읽고 우리에게 자신이 읽은 세상을 자신만의 방식으로 이야기한다. 식물의 언어를 우리가 알아듣지 못할 뿐. 어쩌면 내 시어머니는 식물과 오래 교감하며 그 언어를 이해했을지도 모른다. 그래서 죽어가던 식물도 잘 살려 키워내셨을 것이다.

우리가 식물의 세상을 알 수 없는 것은, 그들의 언어를 우리의 언어로 이해하려 하기 때문이다. 이해하지 못하는 인간을 보며, 식물은 얼마나 답답했을까. 스스로 자신을 죽이면서까지 자신을 이해시키려 하는 거처럼 보이기도 했다. 결국, 이해하는 일은 서로를 더 깊이 관찰하는 일임을 식물은 내게 가르쳐주었다.

김지영

햇살 한 문장

이해한다는 일은 서로를 더 잘 관찰하는 일.

촌에서 왔습니다만

 십수 년 전 친구 아들의 돌잔치에 가는 중이었다. 외할머니가 돌아가셨다는 연락을 받았는데 나는 망설였다. 장례식장에 가야 할지, 돌잔치에 가야 할지를. 나는 돌잔치를 택했고, 시간이 훌쩍 지난 뒤에야 그 선택을 후회하게 되었다.

 어릴 때 뵈었던 외할머니는 희끗한 짧은 머리에 안경을 쓰셨고, 한쪽 눈이 약간 불편해 보였다. 손가락 마디도 관절염 때문인지 곧지 않았다. 처음 가본 강남의 외할머니댁 아파트는 시골 소녀에게 꽤 근사해 보였다. 할머니는 친절했고 외삼촌과 이모들도 따뜻했다. 부끄럼 많고 내성적인 나에겐 모두 어려운 사람들이었지만 마음속에는 뿌듯함도 있었다. 서울 사는 사람들, 서울대 나온 사람들이 내 친척이라는 사실에 왠지 으쓱했다. 외갓집 식구들이 놀러 오셨을 땐 자연을 맘껏 누리며 시골 사는 친척이 있다는 걸 좋아해 주길 바랐다.

그런데 왜 외할머니 장례식에 가지 않았을까. 어릴 적엔 농사일에 치여 바쁘기만 한 엄마가 외할머니댁에 자주 못 가는 것을 당연하게 여겼다. 그러다 큰외삼촌을 제외한 두 이모와 작은외삼촌이 배다른 동생이라는 사실을 알게 되었다. 하지만 그저 그러려니 했다. 먹고살기 힘들던 시절, 가족이 섞이고 다시 엮이는 일은 흔했다.

엄마의 어린 시절 이야기들을 띄엄띄엄 들으며 몇십 년의 시간을 두고 퍼즐을 맞추듯 연결해 갔고, 나는 외할머니가 좋은 엄마가 아니었다는 결론에 다다랐다. 동화에 나오는 나쁜 계모처럼 악한 사람은 아니었지만, 함께 산 적도, 살갑게 지낸 적도 없는 존재였다. 엄마는 다 지난 일처럼 툭툭 내뱉었고, 나는 그 말들 속에서 진실을 건져 올렸다.

외할머니가 돌아가셨을 때, '친 엄마도 아닌데 뭐, 꼭 가야 하나?'라는 생각이 마음속에서 일었고 어리석게도 할머니의 마지막을 배웅하지 않았다. 꼼꼼한 솜씨, 깐깐한 말투, 깔끔

한 피부와 옷차림. 할머니에 대한 기억과 인상이 색안경 너머로 보이기 시작했다. 그러나 엄마는 현재의 살림살이와 처지에 만족해서였는지, 자식들에게 하소연할 거리가 아니었는지 할머니에 대한 서운함이나 쌓인 감정을 드러낸 적은 많지 않았다. 언제나 사실만을 말했고, 가끔은 좋은 면도 함께 이야기했다.

큰딸인 우리 엄마는 동생들보다 못 배우고 못산다. 오로지 자신의 몸과 손으로 모든 일상과 삶을 일구셨다. 일찍 세상을 떠난 외할아버지, 얼굴도 기억나지 않는 친엄마, 애정 없던 새엄마에게 어떤 도움도 없이 살아오셨다. 동복인 큰외삼촌도 서울에서 살지만 택시 운전을 하신다. 다른 형제들처럼 좋은 대학을 나오지 않았고 화이트칼라 직업을 갖지도 않았다. 하지만 부부의 성실과 근면으로 가정을 일궈냈다. 자식들의 학업과 뒷바라지가 무난했기에 서울 사람으로 사는 자부심을 지켜냈으리라고 짐작해 본다.

부잣집 외동딸이었던 외할머니의 친자식들은 좋은 대학을 나와 더 많은 기회를 누리며 서울 사람으로 살았을 것이다. '서울 사람'이라는 말은 '지방 사람'과 대비되는 말로 정치, 경제, 문화, 교육의 중심지라는 인식과 정보력, 기회에 대한 자부심을 가진 사람들이라고 생각한다. 알게 모르게 출발선이 다르다는 우위 의식도 배어 있을 것이다.

어릴 적엔 엄마가 이모들과 비교해 열등감이나 박탈감을 느꼈다는 인상을 받은 적은 없다. 그래서 나는 시골이 마냥 좋았다. 자식을 낳고 키우면서도 서울과 지방의 격차를 자연스럽게 받아들였고, 교육과 문화의 상대적 빈약함에도 불구하고 집값을 비롯한 생활비 차이가 그 격차를 메워 준다고 생각했다.

서울에서 나고 자란 사촌들의 삶과 우리 아이들의 삶은 매우 다를 수밖에 없다. 서울은 더 많은 기회와 경험을 제공하며, 빠른 정보 접근과 세련된 일상을 가능케 한다. 반면, 지방에서 자란 우리 아이들은 구조적 격차를 경험할 수밖에 없다. 우리 엄마가 그랬던 것처럼. 우리는, 그리고 우리 아이들은 세련됨보다는 수줍음과 주저함이 더 많고, 속도 중심의 삶보다는 느리고 복잡하지 않은 일상을 살아갈지 모른다.

그러나 서울 사람이 아니라는 것, 지방에서 살아간다는 것은 결핍이 아니라 '다른 삶의 방식'이라고 생각한다. 빠른 정보와 기회는 적을 수 있지만, 느린 만큼 더 오래 자신을 들여다볼 수 있고, 삶을 깊이 있게 살아갈 수도 있다. 엄마가 그렇게 살아온 것처럼 말이다. 나는 그 다름을 부끄러워하지 않는다. 오히려 도시에서는 얻기 어려운 삶의 밀도와 뿌리를 품을 수 있다고 믿는다.

아이들은 도시의 빛을 좇지 못해 뒤처진 건 아니다. 그들은 다른 별자리를 따라 걷는 중이다. 서울이 모든 것의 기준이 되는 시대에서 나는 오히려 시골의 느리고 낡은 삶 속에서 더 선명한 존재의 의미를 본다. 우리 엄마처럼 말이다.

주말에 이종사촌의 결혼식을 다녀왔다. 나이 차가 크고 몇 번 마주한 적 없어 서먹한 사이였다. 하지만 이모들을 비롯해 외갓집 식구들을 만나 반가웠다. 얼마쯤 불편하고 어색한 이모들이었지만 이만큼 나이를 먹으니 그 정도의 거리감은 얼마든지 넘어서서 예의를 갖춘 친근함을 표현할 수 있었다.

내가 느낀 어색함은 도시와 시골의 공간적 거리를 넘어서, 공유하지 못한 일상의 거리 때문인지도 모르겠다. 몇 년 만에 만난 큰이모와 나눈 대화 속에서, 그 거리들이 서서히 좁혀지는 것을 느꼈다. 오십이 넘은 조카들이 이모, 삼촌과 나눈 사회 이슈와 소소한 이야기들은 전혀 낯설지 않았다. 가까운 거리에 살며 자주 만나는 우리 자매들처럼, 자주 소통하고 함께 나누는 일상이 친밀함을 만들어준다. 이웃사촌이라는 말이 있듯이 먼 친척보다 가까운 이웃이 더 정이 들기도 한다.

외할머니가 엄마에게 준 선물이 있다면 바로 훌륭한 조부모였다. 친손주가 아님에도 딸을 대신해 엄마를 맡아 키워주신 외할머니의 부모님. 그 두 분은 엄마의 넓은 가슴과 단단한 정서, 부지런함과 배려심의 기초를 다져주셨다.

돌아오는 차 안에서 엄마는 이렇게 말씀하셨다. "가만 보니 고춧가루도 팔아주고, 콩도 팔아주고, 이만큼 살아온 데 그 집안 식구들 덕이 많네. 외할머니 언니 되는 양반이 며느리한테도 꼭 그 집 꺼 팔아주라 그러고, 얼굴도 모르는데 시골에서 농사한다고 이 사람 저 사람 소개해서 팔아주고, 이제 보니 그 집안 덕 보고 살았네."

알고 보니 좋은 사람들, 좋은 어른들이 계셨던 '그 집안'이었다. 엄마가 소외와 차별을 받았다고 생각했지만, 긴 시간을 돌고 돌아 결국은 다 갚아주고 있었는지 모른다. '그 집안' 사람인 외할머니의 장례식에 가지 않았던 나의 경솔함과 속 좁은 마음이 부끄럽다.

이젠 시골 사는 엄마와 서울 사는 외갓집 식구들의 거리감은 큰 의미가 없어 보인다. 사는 곳이 어디든, 많이 배우든 못 배우든 각자 치열하게 살아와 다다른 곳은 제 몫의 자리일 뿐이다.

강진옥

햇살 한 문장

지방에서 살아간다는 것은 결핍이 아니라 '다른 삶의 방식'일 뿐.

우산

"우산을 몇 개 사야겠어."

굳이? 돈 주고 우산을 산다고? 몇 개씩이나? 마뜩잖았지만 남편 기분이 상할까 부드럽게 대답했다.

"어… 우산이 없나? 그럼 사야지."

세상의 그 많은 우산은 다 어디로 사라졌을까. 어린 시절 네 남매가 살던 집에는 늘 우산이 부족했다. 서로 좋은 우산을 차지하려고 눈치 싸움할 정도는 아니었지만, 좋은 우산을 선점하는 건 정말 기분 좋은 일이었다. 다른 것은 모자라도 그럭저럭 넘길 수 있었지만, 우산만큼은 참 요상한 물건이다. 평소엔 어디서 구르던 신경도 안 쓰다가, 비가 오면 갑자기 인생의 전부가 된다. 가방 속에 넣으면 짐이고, 들고 다니면 귀찮고, 비 안 오면 방치되기 일쑤인데, 막상 비 예보가 있는데 우산이 없으면 하루가 불안해진다. 그런데 현관에 우산이 서너 개쯤 딱 꽂혀 있으면 그렇게 마음이 넉넉해진다. 뭐랄까, 인생이 준비된 느낌? 부자까지는 아니어도 꽤 풍족한 사람이 된 것 같다. 없어도 살 수는 있지만 있을 때 제일 고마운 물건 1순위, 그게 우산이다.

남편이 마음먹고 산 우산 세 개가 집에 배달되었다. 튼튼하고 좋아 보였다. 이런 좋은 우산을 세 개씩 살 수 있다니, 새삼 넉넉해졌다는 사실이 실감 났다. 더 정확히 말하면, 우리나라의 경제력과 넘쳐나는 물건들 덕분에 편리해진 현대 문명을 누리고 있다는 데서 오는 현실감일 것이다. 아무튼, 우산 세 개가 가져다준 풍요와 충만함은 꽤 인상 깊었다.

사촌의 결혼식 날 비 예보가 있었기에 다섯 명이 타는 차 트렁크에 세 개의 우산을 챙겨 갔다. 그때 작은언니가 들려준 우산에 대한 에피소드는 나와는 또 다른 기억이었다.

"아침에 학교 갈 땐 비가 안 왔는데 집에 올 때 비가 오더라고. 근데 나만 빼고 다들 우산이 있는 거야. 혼자 비를 맞으며 집에 오는데 기분이 참 그렇더라. 집에는 늘 우산이 부족했고 말이야. 어떤 날은 윗집 미정이네 큰 오빠가 씌워준 적도 있기는 해."

나보다 두 살 위인 언니는 생일이 빨라 학교에 일찍 입학했다. 초등학교를 같이 다닌 기억도 거의 없고 3학년 차이가 나니 중고등학교도 같이 다니지는 않았다. 그런 언니는 순간순간 나와는 너무 다른 기억을 품고 있었다. 친구가 별로 없었다는 얘기며, 친구들과 싸웠다는 얘기도 나에겐 너무 낯설었다. 비를 맞으며 혼자 집까지 걸어오는 동안 풀이 죽고 초라했을 언니를 떠올리는 것도 내겐 생소했다. 나도 그런 경험이 있었을 테지만, 기억에 남을 만큼 인상적이지는 않았던 모양이다. 비 오는 날 학교 끝나는 시간에 맞춰 우산을 가져다 줄 한가한 부모도, 넉넉한 우산도 없었던 것이다.

"그런데 어떤 날 둘이서 비닐을 머리 위에 뒤집어쓰고 온 적이 있는데 우산은 없었지만 그게 그렇게 좋더라."

언니에겐 우산만 부족했던 게 아니었다. 초등학교 3학년 때 전학 와서 시골 아이들 텃세에 적응하느라 꽤 힘들었음을 나는 나중에야 짐작할 수 있었다. 가까이 살던 미정이 언니는 욕심도 많고 깍쟁이 같아서 한 학년 아래지만 나이가 같다고 꼬박꼬박 이름으로 언니를 불렀다. 그 집에서는 썩어 떨어질 대추나 배를 하나도 나눠주지 않았다. 오빠가 둘이나 있었으니 아마 기세가 등등했을 것이다.

하굣길에 남의 집 과일을 서리했다고 친구 부모가 집까지 쫓아와 난리가 났었다는 얘기. 여시같은 친구랑 머리끄덩이 잡고 싸웠던 얘기…. 언니는 내가 모르는 울퉁불퉁한 자갈길을 걸었다는 걸 아주 나중에 알게 되었다. 그것이 부족했는지, 세상에 둘도 없이 좋은 사람이었던 형부를 너무 일찍 잃었다. 그리고 11살, 13살 두 아이를 혼자서 키워냈다. 가끔 스스로 친구가 별로 없었다고 말하던 언니에게 비닐을 함께 뒤집어썼던 친구가 누구였는지 묻지 못했지만, 든든한 우산이 없어도 같이 비를 맞아줄 친구가 있었고, 그 순간의 충만함과 따뜻함이 평생 잊히지 않고 새겨져 있다는 사실을 알았다.

나는 한여름 소낙비에 물웅덩이를 첨벙대며 함께 신나게 뛰어다녔던 아랫집 정이가 생각났다. 그 친구의 마음이 얼마나 넓고 따뜻했는지 잊고 있었다. 비바람에 우산살이 부러질 듯 휘어들어도 함께 걷던 친구와 형제자매가 있었다. 부족함을 채워줄 사람들이 있었기에 나에게 우산은 결핍이 아니라 한여름 소낙비 같은 시원한 추억이었다.

지금은 어떤가. 나는 언니의 친구들이 그렇게 부러울 수가 없다. 말이 필요 없는 소울메이트 은자 언니는 멋진 사람이다. 산처럼 많은 희로애락을 품어내는 단단하고 넓은 사람이다. 정운 언니는 지혜롭고 따뜻하다. 그들과 함께 있을 때 언니는 자신이 더 좋은 사람처럼 느껴지고, 실제로 더 멋져진다. 영희 언니는 카리스마 넘치는 리더십을 가진 사람이고 그 곁에서 언니 또한 더 단단하고 넓어지는 것을 느낀다. 이름도 다 알지 못하는 훌륭한 선생님도 많다. 언니에게 멘토가 되어주고 때로는 자신을 돌아보는 채찍이 되어주는 사람들도 있다.

지금 언니에겐 많은 우산이 있다. 혼자 묵묵히 비를 맞던 때도 있었고, 작디작은 우산으로 아이들을 지키느라 안절부절못하던 때도 있었다. 하지만 이제 언니는 예쁜 양 우산을 고마운 사람에게 선뜻 내어줄 만큼 넉넉해졌다. 우산이 없어도 걱정이 덜했던 철부지 같은 나와는 달리 언니는 함께 우산을 나눠 쓸 사람들을 위해 더 멋진 사람으로 자신을 갈고닦았다. 나는 언니가 할 수 있는 최선을 다했다고 믿는다.

예식장을 나오며 언니의 우산을 잃어버렸다. 쓸데없이 큰 우산 한 개, 손잡이가 깨지고 혼자서 접히지도 않는 부실한 우산 두 개는 챙겨왔는데 튼튼하고 좋은 언니의 까만 우산 한 개는 잃어버리고 왔다. 예전만큼 우산이 귀한 시대는 아니다. 차 안에서 비를 피할 수도, 택시를 탈 수도 있고, 가까운 편의점에서 우산을 살 수도 있다. 그래서인지 혼자 비를 맞는 쓸쓸함이나, 기꺼이 함께 비를 맞아줄 사람의 소중함을 점점 모르게 되는 것 같다. 그럼에도, 마음이 젖는 날엔 문득 생각날 것이다. 누군가의 우산 속 따뜻한 온기와, 비닐 한 장을 나눠 쓴 기억의 힘을.

주인 잃은 언니의 우산은 어쩌면 오래 방치될지 모르겠다. 그러다 예고 없이 내리는 소나기에 미처 준비 못 한 누군가의 눈에 띄어 짧지만 강력한 쓰임을 다 한다면 언니는 분명 만족할 것이다. 그러고는 수없이 사라지는 우산들처럼, 어딘가 '우산의 나라'에 모여 그들만의 이야기를 풀어낼 것을 조용히 상상해 본다.

햇살 한 문장

우산보다 소중한, 함께 비를 맞아줄 내가 되어 보는 건 어떨까?

늦었지만 괜찮아

"엄마 50이야? 51이야? 헐… 왜 이렇게 늙었어?"

정말로 엄마의 나이가 아리송해서 딸은 가끔 묻는다. 오십이라는 나이가 얼마나 낯설고 먼 숫자일지 짐작할 수 있다. 나도 어릴 적에는 오십이 되면 충분히 나이를 먹어서 더 살고 싶은 욕심이 없을 거라 생각했다. 육십이나 칠십이라는 숫자는 정말 '호호 할아버지'나 '호호 할머니' 같은 느낌을 주었다. '저 나이가 되면 어떤 기분일까?'라는 질문을 스스로에게 던져보기도 했다.

딸에게 엄마는 언제나 젊을 줄만 알았겠지. 늘 힘도 세고 마음도 센 줄 알았을 것이다. 언제나 자식을 먹이고 입히는 일이라면 힘이 불끈불끈 솟고 자식들을 항상 최우선으로 여길 줄 알았을 것이다. 어쩌면 소나무처럼 늙지 않고 언제나 자기를 지켜줄 거란 마음이었는지도 모르겠다. 자신이 자라는 속도는 느껴지지 않겠지만, 문득 나이 먹은 엄마가 낯설 만큼 시간의 흐름이 실감 나지 않을지 모른다. 거실에 있는 큰 거울을 함께 바라보다 눈이 마주치면 "엄마 주름 왜 그렇게 많아? 엄마 왜 이렇게 늙었어?"라며 안쓰러운 표정을 짓는다.

그때마다 내 대답은 한결같다. "내 나이가 어때서? 난 지금이 좋아. 늙으면 어때. 나이 든 것도 아름답지 않니?"라며 손바닥 꽃받침에 얼굴을 얹고 이쁜 척 눈을 깜빡인다. 매번 비슷한 반응에 딸아이도 망설임 없이 같은 질문을 한다. 혹여라도 내가 서운한 기색이었다면 솔직한 느낌을 숨겼을 것이다. 그러나 엄마의 능청스러운 대답을 예상하고 주저 없이 털어놓는다.

늙고 나이 먹은 엄마를 보며 놀라워하고 안타까워하는 눈빛을 보면 묘한 기분이 든다. 뽀얗고 포동한 딸애의 얼굴을 나란히 두고 보면 나는 정말 늙어 보인다. 매일 아침 혼자서 거울을 볼 땐 무감각 하지만 싱그러운 젊음과의 대비 앞에서 화들짝 놀란다. 눈가와 목의 주름은 비교 대상이 있을 때 더욱 선명해진다.

그러고 보면 나도 우리 엄마의 얼굴을 종종 그렇게 들여다본 것 같다. 눈가에 자글자글한 주름과 검버섯이 늘어나는 볼과 손등을 말이다. 하루 종일 밭일하고도 번개같이 밥상을 차려내던 엄마가 '이젠 힘이 없다'라며 종종 말씀하시는 것을 듣는다. 그렇다고 엄마에게 "엄마 왜 이렇게 늙었어?"라는 말은 하지 않는다. 그런 말에 의기소침할 엄마가 아니지만, 그래도 나는 그 말의 무게를 느낀다.

사십 대라는 이른 나이에 틀니를 끼운 엄마는 어릴 때부터 약골이셨다. 네 남매를 임신한 각각의 열 달 동안 거의 굶다시피 했다는 엄마는 태아에게 이의 칼슘을 일찍 빼앗긴 것이 틀림없다. 틀니 때문인지 입 주변의 주름은 좀 더 많은 편이다. 그래도 매끄럽고 밝은 피부색은 시골 아낙다움을 덜어준다. 엄마의 진가는 얼굴이 아닌 쩌렁쩌렁한 목소리와, 굽은 허리에도 불구하고 지칠 줄 모르는 열정에 있다. 그런 엄마에게 얼굴 주름 따위는 늙음이라고 말할 수 없다.

생각해 보면, 아이들이 엄마의 주름을 발견하고, "엄마 왜 이렇게 늙었어?"라고 물을 수 있다는 건 반가운 일일지 모른다. 이제는 엄마를 단순히 '엄마'로만 보는 게 아니라 한 사람의 인생을 가진 존재로 보기 시작했다는 뜻이다. 그 눈빛 안에는 어쩌면 안타까움과 걱정보다 엄마에게서 자신을 떼어내야 하는 순간에 대한 두려움이 숨어 있을지도 모른다. 그걸 장난처럼 질문으로 꺼내는 아이를 보면 내가 나이 들어가는 것만큼 아이가 자랐다는 것을 실감한다.

아이가 자라 엄마의 주름을 볼 줄 안다는 것은, 이제 제 그림자를 가진 인간이 되어간다는 뜻이다. 나도 내 엄마의 주름을 처음 알아본 날, 엄마는 '영원한 엄마'에서 '한 여자'가 되었고, 나는 보호받는 자에서 같은 위치에 서 있는 사람이 되었다.

그래서 나는 딸아이의 "엄마 왜 이렇게 늙었어?"라는 말이 조금도 기분 나쁘지 않다. 오히려 반갑다. 그 말 안엔 내 등에 업혀 있던 아이가 이제는 자기 두 발로 서보려는 의지가 담겨 있다. 엄마를 객관화할 수 있을 만큼 자랐다는 건, 곧 자기 삶도 바라볼 눈이 생겼다는 뜻일 거다.

나의 엄마는 여전히 나보다 앞서 어디쯤 걸어가고 있다. 우리가 함께 늙어가고 있다는 사실은 어쩌면 가장 자연스럽고 고마운 삶의 이치일지 모른다. 나는 그 흐름 안에 있다는 것이 진심으로 좋다.

나이 듦은 삶의 층이 쌓이는 일이다. 웃을 일보다 울 일이 많았던 해가 있고, 무언가 이루어낸 해가 있고, 잃고도 견뎌낸 해가 있다. 그 시간이 다 내 얼굴에 스며 지금의 내가 있다. 딸아이에게 그런 이야기를 해주고 싶다. '너도 언젠가 이 얼굴을 이해하게 될 거야. 그리고 네 얼굴에도 너만의 이야기가 생길 거야.'

가끔 딸아이에게 장난처럼 말한다. "엄마는 오늘이 제일 젊은 날이야. 그래서 좀 멋지게 늙어볼까 해. 좀 더 고상하고 아름다워질 거야."

"네~~~그러세요."

말수가 적은 딸 앞에서 나는 늘 수다쟁이가 된다. 뭔가 불리하고 손해를 보는 쪽은 나 같아서 과묵한 딸이 불만이었지만 요즘은 그것도 점점 좋아 보이기 시작했다. 말하지 않아도 묵묵히 자신을 채워가고 자기만의 공부와 삶이 있다는 사실을 믿기 때문이다.

사실 평범한 엄마도 만족한 삶을 살 수 있다는 걸 보여주려는 속셈도 없잖아 있다. 엄마 품이 세상의 전부인 줄 알았던 아이가 넓은 세상을 경험하며 그곳이 얼마나 좁았는지 알게 될 것이다. 좁지만 안온하고 따뜻한 그 품을 벗어나야만 자신의 세계를 꿈꿀 수 있고, 자신의 영역을 만들어갈 수 있다는 걸 딸애는 알게 될 것이다.

'엄마 왜 이렇게 늙었어?'라는 물음은 그것을 증명해 주는 말이다. 그래서 나는 진실로 괜찮다. 나의 나이 듦이. 나의 늙음이.

강진옥

햇살 한 문장

엄마는 언제나 젊을 줄만 알았겠지. 걱정마! 나이 듦도 얼마든지 멋질 수 있어.

풀 뽑기

　마당의 풀을 모두 뽑을 작정은 아니었다. 잔디 사이와 마당 가장자리, 보도블록 틈새에 뿌리 내린 풀들은 너무도 빨리 자랐다. 남편이 가끔 뽑아내도 못 본 척 지나쳤다. 하지만 예감은 했다. 자리 잡고 앉으면 속 시원해질 때까지 모조리 뽑아낼 것을 말이다. 그날이 오늘이었다. 하필 날씨는 무더웠고 일어날 때마다 현기증이 일었다.

　엄니는 하루가 멀다고 칼로 잡초를 뽑으셨다. 그래서였는지 잔디는 푸르렀고 화단의 꽃은 싱싱했으며 마당 귀퉁이 손바닥만 한 텃밭에는 이십여 종의 채소들이 자라고 있었다. 그러나 엄니가 없는 지금은 잔디가 곳곳에 말라 죽었고 꽃보다

풀들이 더 먼저 자란다. 겨우 오이 두 포기, 호박, 고추 한 포기랑 고구마가 심긴 세 고랑 밭은 초라하다.

어쩔 수 없이 밀짚모자를 쓰고 풀을 뽑아냈다. 꽃밭의 경계를 넘어 마당으로 침범한 꽃잔디와 야광초(설악초)는 뽑아 버려야 할지 봐주어야 할지 고민됐다. 질경이는 사정없이 뿌리까지 뽑았고 고양이풀과 꽃마리 꽃다지 등 잡초는 손으로 잡아 긁었다. 그늘진 축축한 구석에서는 혹시 지렁이라도 딸려 나올까 긴장했다.

쭈그리고 앉아 풀을 뽑다 새삼스레 마당을 휘둘러보았다. 작지만 화단이 있고, 더 작지만 몇 포기 채소가 심긴 밭고랑도 있다. 언젠가 텔레비전 드라마에서 본 장면이 생각났다. 화단을 열심히 가꾸던 중년 배우(선우용녀)는 너무 행복해하며 가족들에게 꽃밭을 자랑한다. 드라마 속 크고 넓은 벽돌집 마당엔 잔디밭이랑 화단도 크고 예뻤다. 규모는 훨씬 작아도 내가 앉아서 둘러보고 있는 마당과 집의 배치가 비슷하다는 걸 문득 깨닫는다.

내가 동경하는 집은 빨간 벽돌로 만든 집이었다. 계단도 있고 난간도 있어서 비가 와도 마루에 비가 들이치지 않는 집. 또 갖가지 꽃이 피는 넓은 꽃밭이 있는 집이었다. 야생화며 꽃나무들이 봄부터 가을까지 꽃을 피우고, 나는 고상하고 우아한 모습으로 풀을 뽑는 드라마 속 주인공이 되는 것이다. 또 텃밭에서 키운 갖가지 신선한 채소로 근사한 상을 차리는 가정주부도 멋져 보였다.

어릴 때 본 드라마 속 전원주택은 서서히 가슴에 스며들어 동경의 대상이 되었다. 농사짓기도 바쁜 부모에게 꽃밭을 만들고 가꾸는 일은 사치스럽고 한갓진 일이었을 것이다. 팔기 위한 곡식이 아닌 오로지 먹으려고 따로 채소를 심고 가꾸는 것도 한가한 일이었다. 하우스나 밭의 귀퉁이에서 파와 상추를 길러 먹고 높이 있는 뒷밭 경사면을 타고 오르는 호박 덩굴 오이 덩굴에서 채소는 알아서 컸을 뿐이다.

미국의 동화 작가 타샤튜터처럼 꽃과 나무들이 넘쳐나게 주변을 조성하고 그곳의 식물들을 그림으로 그려내는 것. 또 시원한 바람이 부는 날 자전거를 타고 오솔길을 달리고 나무 열매를 따서 잼도 만들고 파이도 만드는 삶. 아이가 생긴다면 꽃의 향기를 맡게 하고 나무의 속삭임에 귀 기울이게 하는 것. 눈을 감고 바람의 소리를 듣고 새소리를 알아채게 하는 것을 동경했다.

십 대의 몇 해 동안 나는 사랑방 툇마루 앞에 작은 화단을 만들고 나팔꽃을 심었다. 나팔꽃의 넝쿨손을 올리려고 궁리했을 때 아빠가 처마 밑 서까래에 못을 박아 줄을 매 주셨다. 그 줄을 따라 처마 끝까지 자란 나팔꽃을 보며, 얼마나 행복해했는지 모른다. 여러 줄의 보라색 나팔꽃이 작은 툇마루에 그늘을 만들며 쑥쑥 자랐다. 나는 동화 속 소녀가 되었고 백일홍, 천일홍, 채송화, 봉숭아가 피었던 작은 꽃밭은 나의 동화 속 무대가 되었다.

얼마나 오랫동안 잊고 있었는지 모르겠다. 내가 한때 꿈꾸었고 바라던 집, 동경하던 삶 그 모든 것이 다 이루어졌음을 문득 알게 되었다. 다만, 기억하지 못하고 인지하지 못했을 뿐이다. 엄니와 함께 살았던 이십 년간 얼마나 예쁜 야생화와 화초들이 마당을 채웠던가. 엄니가 좋아하시던 꽃은 나도 어릴 때 보아왔던 익숙한 꽃들이었다. 패랭이와 나리꽃 할미꽃과 채송화. 물론 화려한 계량 종과 외래종들도 있었지만, 엄니는 이 땅에 나던 작고 오래된 꽃들을 좋아하셨다. 나도 그렇다는 걸 뒤늦게 깨닫는다.

초록의 푸성귀들은 얼마나 큰 풍성함을 주었던가. 주황색 티를 막 벗은 방울토마토를 아이 입에 넣어주시고, 갓 따낸 오이에서는 햇살을 머금은 풀잎과도 같은 풋내와 아삭함이 톡톡 터지던 맛. 상추를 한 움큼 따내면 한 번에 먹지 못할 만큼 많았고, 시장에서 천 원이면 그보다 많이 주니 사 먹는 게 더 싸다며 같이 웃던 일.

아이들을 많이 먹이고, 많이 입히고, 많이 가르치지 못했다. 어찌어찌하다 보니 엄마의 노고로 별 탈 없이 자라 스무 살을 넘겨 품을 떠나 준 것만을 다행으로 여겼다. 한데 가만히 생각해 보니 아기 때는 매일 유모차를 태우고 산책하러 나갔었다. 개울 옆 비포장길에는 쑥이며 망초대 엉겅퀴랑 달맞이꽃, 코스모스가 피었고 잠자리가 날았었다. 뛰어놀 공터는 없었지만, 아이들이 학교를 오가는 길에는 강도 있고 손 닿을 곳에 산도 있었다. 나 어릴 때처럼 산으로, 들로 나가 놀지는 않았지만, 아이들 뒤에는 항상 시골의 풍경이 배경으로 펼쳐져 있었다.

내가 이루지 못한 것이 없었다. 언덕 위의 하얀 집을 상상했던 어린 시절, 그 집에서도 풀을 뽑고 낡은 지붕을 수리하고 보일러를 고쳐야 했을 것이다. 시간이 흐르면 하얀 집은 회색 집으로 변했을 것이고 비바람과 뜨거운 태양도 견뎌야 했을 것이다. 지금 내가 살고 있는 빨간 벽돌집처럼 말이다.

내 동경과 내 꿈과 동화 속 상상의 모든 것을 다 이루고 있던 순간에 나는 또 다른 무엇을 꿈꾸느라 그 시간을 알아채지 못하고 살았을까. 지금, 이 순간에 또 내가 놓치고 있는 것은 무엇일까. 그러니 나는 이제 더 이상 허황한 꿈에 마음을 빼앗기지 않기로 한다. 어느 날 나팔꽃을 올려다보며 마음이 벅차오르던 그때처럼, 지금 내 두 눈이 닿는 이 모든 순간을 찬찬히 바라보려 한다. 풀을 뽑다가 문득 깨닫는 것처럼, 삶은 항상 내 곁에서 조용히 피어나고 있었다. 누군가가 꾸는 멋진 꿈보다, 내가 발 딛고 서 있는 이 자리가 훨씬 더 단단하고 충만했다.

이제 알 것 같다. 동경은 멀리 있는 환상이 아니라, 오히려 너무 가까워서 미처 깨닫지 못한 삶의 결일 수 있다는 것을 말이다. 내가 밟는 마당, 손에 흙을 묻히는 꽃밭, 툇마루에 걸린 나팔꽃, 갓 딴 오이의 향기 속에 내 삶의 가장 빛나는 순간들이 숨어 있었다. 나는 지금 꿈속을 살고 있다.

강지욱

햇살 한 문장

가만히 떠올려보면 어릴 적 소망들이 이미 스쳐 지나갔는지도 몰라.

아무도 몰랐던 무너짐

별일 없는 하루였다.
정해진 시간에 알람을 끄고,
부스스한 몸을 일으켜
아이를 깨우고,
밥을 차렸다.

출근 전 일상은 전날과 크게 다르지 않았고,
쌓인 빨래며 닦이지 않은 바닥,
오늘을 넘긴 메모 속에서 할 일들은
어제처럼 여전히 그 자리에 있었다.
사람을 만나고, 애써 웃고,
괜찮은 하루인 척 말하고,
그렇게 무사히 하루를 보낸 줄 알았다.

그런데 저녁이 되어
불을 끄고 앉았을 때,

조용히 무너졌다.

울컥하는 마음은 별안간 찾아왔다.

이유도 맥락도 없이,

어디선가 흐느낌 같은 숨이 올라왔다.

떠오르는 장면도 없이,

그냥….

너무 오래 눌러두고 살아온 것 같았다.

소리를 삼키고, 감정을 눌러두고,

무던하게 덮어온 마음들이

오늘은 더 이상 잠들어주지 않았다.

가끔은 그런 날이 있다.

정말로 괜찮지 않았던 순간들이

'이제 좀 말해도 되지 않을까'라며

조용히 고개를 드는 밤.

마치 오래 기다리던 내면의 목소리가

"이제 그만 괜찮은 척해도 돼."라고

속삭이는 것처럼.

나는 조용히 주저앉아
그 마음을 들어주었다.

그 어떤 조언도, 해결도 없이,
그저 가만히, 무너진 나를 안았다.
생각해 보면 우리는
하루하루를 너무도 잘 버텨내고 있다.
상처받을 일을 견디고, 울컥할 말을 삼키고,
버텨내기 위해 애쓰며,
그 모든 걸 말없이 통과한다.

그러다 결국은,
아무도 없는 밤에 조용히 터져버린다.
"그래, 오늘은 그냥 이대로 있어도 돼."
그 한마디가
나를 조금씩 가라앉히고 있었다.
말 못 했던 마음들이 잠시 쉬어가는 그 시간,
내 안 어딘가,
조용히 숨 쉴 틈 하나가 열리는 듯했다.

무너지지 않으려

애써왔던 날들 사이로

이런 밤은 숨 쉴 틈이 되어준다.

모든 걸 잘 해내지 않아도,

누군가에게 괜찮은 사람으로 보이지 않아도,

나는 오늘, 여기까지 살아냈다.

그 자체로 충분한 하루였다.

눈물 한 방울,

말없이 흘러나온 고백 하나가

내일의 나를 조금 더 살며시 안아줄 것이다.

아무도 몰랐겠지만,

이 조용한 무너짐의 시간은

내가 나를 가장 다정하게 안아준 순간이었다.

무너지지 않는 사람보다,

무너져도 괜찮다고 말할 수 있는 사람이

진짜 단단한 마음을 가진 사람일지도 모른다.

그래서 오늘 밤,

나는 내게 조용히 속삭인다.

"수고했어, 오늘도."

김소연

햇살 한 문장

무너진 마음의 어둠 속에서, 나만은 나를 품고 있었다.

빨래 널다 문득, 마음이 개다

건조기가 고장 났다.
빨래를 돌려놓고 커피 한 잔하려던 아침,
'삐' 하는 소리와 함께 정지된 버튼이 멈춰 있었다.
잠시 멍하니 그 불빛을 바라보다
'오늘 빨래, 어쩌지….'라는 말이 슬며시 흘러나왔다.

그러다 문득, 테라스가 떠올랐다.
이제는 거의 잊고 있던 공간.
예전엔 하루에도 몇 번씩
오르내리던 곳이었는데,
건조기가 생긴 뒤로는
햇살이 어느 방향에서 들어오는지조차
생각해 본 적이 없었다.

빨래 바구니를 들고 테라스로 나갔다.
햇살이 바닥을 고요하게 덮고 있었다.

조금은 투박하지만 숨김없는 빛.

먼지도, 물기도 가리지 않는 정직한 햇살이었다.

그 속에서 나는

하얀 수건을 하나씩 펴기 시작했다.

수건을 탁탁 털 때마다

손끝에 물방울이 찰랑이고,

그 위로 햇살이 부드럽게 닿았다.

셔츠를 걸고, 양말을 나란히 널고,

내복 바지를 펼치며 혼자 웃음이 났다.

그저 빨래를 널고 있을 뿐인데

왠지 마음 한쪽이 말랑해졌다.

처음엔 번거롭기만 했는데,

몇 장 널다 보니 이상하게 마음이 풀렸다

기계보다 느리지만,

조금 더 따뜻하고 솔직한 시간이었다.

바람이 분다.

옷들이 나란히 흔들린다.

그 풍경이 꽤 근사했다.

지붕 위를 조심조심 걷는 고양이,

실내에서 퍼져나온 커피 향,

그리고 그 모든 것 안에 있는 나.

아무도 없는 테라스에서

빨래를 너는 내가

스스로 괜찮아 보였다.

누가 찍어주지 않아도,

기록으로 남기지 않아도

충분히 빛나던 순간.

문득, 생각이 들었다.

바쁘게 돌아가던 하루 속에

이렇게 여백처럼 펼쳐진 시간이 있었구나.

건조기가 고장 나지 않았다면

햇살과 바람이 이토록 고마운 줄도 몰랐겠지.

빨래가 펄럭인다.

마음도 따라 너풀거린다.

텅 비어 있던 내 안의 공간이

조금씩 개이고 있었다.

김소연

햇살 한 문장

햇살은 빨래보다 먼저, 내 마음을 말리고 있었다.

게으름이라는 숨

오늘은, 정말이지
처음부터 아무것도 하지 않기로 마음먹은 날이었다.
시간이 남아서 그런 건 아니었다.

해야 할 일도 많았고,
방 한구석에 쌓인 빨래며,
씻어야 하는 머리카락,
읽지 않은 메시지들도 그대로였지만—

오늘만큼은
그 모든 일 앞에 "몰라, 나중에 할래"라고 적어두고
그냥, 멍하게 눕기로 했다.

이불 속에 몸을 묻자,
창 사이로 스르르 바람이 들었다.
바닥엔 햇살이 조용히 누워 있었고,

나는 이불을 끌어안고 귤 하나를 깠다.
입안에 퍼지는 시고 달콤한 향기에
세상이 조금 괜찮게 느껴졌다.

그렇게 한참을
누웠다가, 뒤척이다가, 앉았다가,
핸드폰을 만지작거리다가
창밖을 멍하니 바라보다가
시간을, 그냥 흘려보냈다.

누군가 보면,
"낭비했다"고 말할지도 모른다.
하지만 나는 안다.
이런 하루가
나를 살려주는 순간이 있다는걸.

늘 뭔가를 해내야 한다는 조급함,
괜찮은 척 바쁜 척 열심히 사는 척하는 마음
그 '척'들 사이에서

나는 자주 지치고,

가끔은 나조차 나를 잃는다.

그래서 오늘은

의도적으로 아무것도 하지 않았다.

게으름도 감정이고,

멈추는 것도 하나의 선택이라는 걸

이제는 조금 안다.

의도적인 게으름은

나에게서 나에게 보내는

가장 조용한 위로였다.

그리고 참 신기하게도,

하루 종일 아무것도 하지 않았을 뿐인데

다음 날 아침엔

어디선가 작은 기운이 몽글몽글 피어났다.

비워둔 자리만큼

다시 채워질 여백이 생긴 것이다.

김소연

햇살 한 문장

아무것도 하지 않은 하루가, 내 마음을 다시 숨 쉬게 했다.

나에게 띄우는 안부 한 줄

불을 끄고 누운 밤.
대부분의 사람은 하루를 마쳤을 것이다.
아이도 잠들고, 창밖도 조용하고,
내 방 안에도 말이 사라진다.

그런 고요 속에서
나는 조용히 펜을 든다.

누구에게도 보여주지 않을,
그냥 나만 아는 짧은 편지.
받는 사람은 오늘 하루를 살아낸 나 자신이다.

"오늘, 참 고생했어."
"그 순간, 너 진짜 많이 참았더라."
"그래도 결국 잘 왔잖아. 여기까지."
이런 말을

소리 내어서 하긴 어쩐지 민망해서
나는 글로 남긴다.

썼다가 지우고,
다시 썼다가 그냥 덮기도 한다.
문장이 매끄럽지 않아도 괜찮다.
맞춤법이 틀려도,
문장 끝이 어색해도,
이건 내가 나에게 쓰는 말이니까.

밤마다 반복되는 이 짧은 글쓰기의 시간은
조용하지만
내 하루를 복원하는 의식 같은 순간이다.

낮에는
누군가의 엄마로,
어른으로,
일하는 사람으로
너무 많은 이름을 달고 살아야 하니까.

그 이름들 속에 갇혀 있다 보면

내 이름을 깜빡 잊는다.

그런데 밤이 오면

그 모든 껍질이 하나씩 벗겨진다.

말하지 않아도 되는 시간,

보여주지 않아도 되는 얼굴,

그 속에서야 비로소

나답다는 감각이 다시 떠오른다.

그렇게 하루를 마무리하는 글 한 줄.

어쩌면 별거 아닐지도 모르지만

그 문장들이 하나씩 쌓여,

마음의 숨결이 된다.

오늘을 괜찮다고 인정해 주는

조용한 기록이 된다.

때로는 이렇게 나에게 말을 걸어주는 게

내일을 시작할 힘이 된다.

아무도 몰라도

나는 안다.

이 하루, 참 열심히 버텼다는걸.

김소연

햇살 한 문장

내 이름을 잊은 하루 끝, 나에게 띄운 안부 한 줄로 날 되찾았다.

괜찮지 않아도 괜찮아

아침부터 엉망이었다.
늦잠을 잤고,
허겁지겁 움직이다가 커피를 엎질렀고,
그 짜증이 고스란히 아이에게 향했다.

마음속에선 이미
'오늘 망했다'는 말이
몇 번이고 올라오고 있었다.

그럴수록 더 조급해졌다.
일도 얽히고,
말실수도 하나둘씩 늘어가고,
괜히 눈치만 보게 되고.

누가 뭐라 한 것도 아닌데
'이렇게밖에 못하나?' 하는 생각이

자꾸만 따라붙었다.
저녁 무렵,
거울을 봤다.
지쳐 보이는 얼굴.
애써 올린 입꼬리.
그런데 눈빛은
금방이라도 울 것 같았다.

그 순간,
그냥 나도 모르게 중얼거렸다.
"괜찮지 않아도… 괜찮아."

누구한테 들은 말도 아닌데
이상하게 그 말이
가슴 깊은 곳을 조용히 흔들었다.

그래.
오늘은 정말 괜찮지 않았어.
말도 헛나가고,

감정도 뒤죽박죽이었고,
온종일 실수투성이였다.

그런데
그래도 도망치지 않고 여기까지 왔잖아.

부족했고,
불안했고,
어설펐지만
끝까지 버텼다.
그 사실 하나로
오늘을 조금 더 따뜻하게 바라볼 수 있었다.

우리는 자꾸만
'잘해야 한다'는 말에 눌려 산다.
실수는 감춰야 하고,
불안은 들키면 안 되는 줄 안다.

그런데 인생엔

제대로 안 되는 날도 있어야 한다.

괜히 서러운 날,

말이 안 나오는 날,

마음이 제멋대로 흐트러지는 날.

그런 날들까지

내 삶의 일부로 품을 수 있을 때

우리는 조금씩

견디는 힘을 배우는 것 같다.

김소연

햇살 한 문장

실수투성이 하루 끝, 나는 나를 가장 따뜻하게 안았다.

숨 고르기의 기술

그날은 버티는 게 더 위험하게 느껴졌다.

머릿속이 뒤엉키고,
몸은 자꾸만 느려졌다.
해야 할 일은 줄지 않았고,
하고 싶은 말은 마음속에 쌓여만 갔다.

조금만 더,
'지금 무너지면 안 돼'라는 말로
익숙하게 나를 몰아붙였다.

하지만 이상하게도,
그 말들이
그날은 더 이상 나를 일으켜 세우지 못했다.

결국,

오후가 되자 나는
조용히 멈췄다.

일도, 연락도, 말도
모두 내려놓고
그냥 가만히 주저앉았다.

놀랍게도
세상은 무너지지 않았다.
별일 없었다.
모든 건
나만큼은 바쁘지 않았다.

그제야 조금 알 것 같았다.
끝까지 버티는 일만이
살아내는 유일한 방법은 아니라는 걸.

무너지는 순간이
오히려 나를

지켜주는 시간이 될 수 있다는걸.

무너짐은 패배가 아니었다.
고개 숙이는 연습이었고,
나를 살리기 위한 숨 고르기였다.

우리는 무너지지 않으려고
참 많은 걸 삼킨다.
감정을 눌러두고,
몸의 신호를 외면하고,
해야 할 일들을
견딘다는 이유로 떠안은 채
자꾸만 자신을 밀어낸다.

나는 이제 조금씩 배워가는 중이다.
'버티는 것' 말고도
스스로를 지키는 방법이 있다는걸.

눈물이 나면 울고,

힘들면 말하고,

감당이 안 되면 잠시 멈추는 것.

그건 포기가 아니라

살아내기 위한 기술이다.

김소연

햇살 한 문장

멈추는 용기를 배운 그날, 나는 내 안에 작은 평화를 들였다.

조용한 승리의 밤

아마 아무도 모를 거다.
오늘 내가 얼마나 많은 걸 참았는지,
얼마나 많은 말들을 삼켰는지.

바쁘게 지나간 하루 속에서
나는 수없이 선택했고,
수없이 포기했다.

한 번은 그냥 웃었고,
한 번은 침묵을 택했다.
하고 싶은 말을 접고,
상처받은 마음은 모른 척 꾹 눌러두었다.

겉으론 아무 일 없는 하루였지만,
나는 오늘
수없이 나 자신을 안고 있었다.

가끔 이런 생각이 든다.

도대체 누가 이 하루를 알아줄까.

말하지 않으면 아무도 모르는 일들.

그래도 매일 같이 반복되는

견딤과 살아냄의 시간을.

그런 날의 끝에서,

나는 조용히 나에게 이렇게 말한다.

"아무도 몰라도 괜찮아.

나는 알고 있어.

오늘 너, 정말 잘 해냈어."

큰 성취도,

눈에 띄는 결과도 없었지만

나는 이 하루를

도중에 놓지 않았다.

넘어질 뻔한 순간에도

도망가지 않고

끝까지 걸어 냈다.

살다 보면
누군가의 인정보다
내가 나를 알아주는 순간이 더 오래 남는다.

그래서 오늘 밤,
아무도 몰랐던 이 하루를
내가 먼저 기억해 주기로 했다.
그리고 조용히 안아주기로 했다.
세상에 들키지 않아도 괜찮은,
그 고요한 승리를.

김소연

햇살 한 문장

말하지 않아도 괜찮다, 오늘의 조용한 승리를 나는 알고 있으니까.

눈싸움

늦은 아침,

창밖을 보니 하늘이 뿌옇다.

뿌연 하늘처럼 내 마음도 가라앉는다.

미세먼지가 심한가? 안개인가?

휴대전화로 날씨를 확인한다.

미세먼지는 보통이다.

'아, 안개가 꼈나 보다. 심한데~'

창밖을 더 자세히 보러 베란다로 다가갔다.

"우와~ 눈이잖아."

온 세상이 새하얀 눈으로 뒤덮여있다.

내 마음의 반응이 순식간에 바뀐다.

이렇게 마음이 달라질 수가.

온 세상을 하얗게 뒤덮은 눈은

마음을 차분하게도

콩닥콩닥 설레게도 한다.

마치 눈 위를 뛰어다니는 강아지처럼
폴짝폴짝, 두근두근,
마음이 들뜨고 신이 난다.
도저히 그냥 있을 수 없어
집을 나선다.

집에서 바라보기만 할 땐 느껴지지 않던
편안함과 고요함이 몰려온다.
길 건너 나무 많은 언덕이 나를 부른다.
건널목에 서서 옆을 본다.
쭉 뻗은 가로수에 하얗게 눈 덮인 모습이
장관이다.

열심히 사진을 찍어댄다.
나무들 사이로 조성된 길이
눈에 덮여 보이지 않는다.
하얀 눈옷을 입은 나무 모습이
정말 아름답다.

누가 나에게 눈을 던진다.

누구지?

아무도 없다.

아~

나무가 눈싸움 놀이를 하고 싶은지

자꾸만 나에게 눈을 던진다.

강아지가 된 나처럼

개구쟁이가 되었나 보다.

앙상한 가지만 남아 춥고 외로웠던 나무도

눈이 와서 마음이 몽글몽글해졌나 보다.

김현주

햇살 한 문장

하얗게 뒤덮인 눈 하나에도 마음은 금세 달라질 수 있어.

나무들의 기지개

내리쬐는 햇빛에
연둣빛 여린 잎들이
속살을 살며시 내비치며 반짝이고,
바람에 살랑거리는 잎들이 만들어내는 그림자에
싱그러움이 터질 것 같은 숲속 나무들.
봄비가 내린 맑은 날,
상큼하고 두근거린다.

자연의 재잘거림이 들리는 시기.
기나긴 겨울 동안
웅크리고 있던 몸을 활짝 펼치고,
마음껏 기지개를 켜며
세상을 향해 아름다운 매력을 뽐내는
나뭇잎들의 소리없는 수다.

갑자기 여름이 찾아온 듯

몇 날 며칠 메마르고

유난히 덥게 내리쬐는 햇살에

힘겹게 잎을 내보내고 꽃을 피우던 나무들이

밤새 내린 비를 온몸으로 받고

있는 힘껏 물을 마시고는

'아~ 이제 살 것 같아.'

기지개를 켜고 잎들을 활짝 펼친다.

나무들의 소리, 잎들의 소리가

들리지 않던 사람들도

갑자기 울창해진 나무들을 보고

상쾌한 맑은 공기를 들이마신다.

어제는 분명히

수줍은 작은 잎 빼꼼히 내밀고 있었는데,

하룻밤 사이에 나무들의 모습이

완전히 달라져 있다.

사랑스러워 눈여겨보고 있던 사람들은 안다.

나무들이 얼마나 기분 좋게

기지개를 켜고 있는지를.

온몸을 웅크린 채 기다리고 있던 여린 잎들이
작은 목소리로 재잘거리며
얼마나 좋아하고 있는지를.

추운 겨울,
앙상하게 마른 나뭇가지들로 썰렁하던 세상이
알록달록 예쁜 꽃으로 물들더니
연둣빛, 초록빛 싱그러운 잎들로 울창해졌다.
불어오는 시원한 바람에서도 싱그러움이 묻어난다.
깊은 숨을 들이마신다.

김현주

햇살 한 문장

그리움이 터질 것 같은 연둣빛 잎의 재잘거림을 들어봐~

쓰기와 읽기는 나에게 명상이다

쓰기와 읽기는 나에게 명상이다.
나를 만나는 시간이고
나를 돌아보는 시간이고
나를 비우는 시간이고
나를 채우는 시간이다.
그렇게 나는 글을 쓴다.

글을 쓰면서
내 안의 수많은 생각들을 비워내고,
미처 몰랐던 나를 만나고,
나를 깨닫고,
그렇게 나를 감싸고 있는
수많은 껍질 속에 있는
진정한 나에게로 가까워진다.

수줍은 아이가 숨바꼭질하듯 숨어있다가

호기심 가득한 눈을 동그랗게 뜨고

얼굴을 삐죽 내미는 것처럼

내 안의 '아이'는 조심스레 자신을 드러낸다.

그 아이는 글 쓰는 시간을 제일 좋아한다.

마음껏 뛰어놀 수 있는 시간이라서일까

꼭꼭 숨어 좀처럼 찾을 수 없던

내 안의 아이는

글을 쓸 때면 여기저기서 불쑥 튀어나온다.

그리고 어느새 넓은 벌판을 뛰어다닌다.

그 아이의 순수함, 천진함과 유쾌함이

나의 온몸에 퍼진다.

환하게 빛나던

넓고 푸릇한 아이의 벌판이

어느새 먹구름으로 가득 뒤덮였다.

복잡한 생각의 구름이 그늘을 드리우고

아이는 어디로 숨었는지 모습을 감추었다.

일상의 복잡함 속에 빠져있을 때면

아이는 그렇게 어디론가 사라져 숨어버린다.

나를 만나는 시간이 오면

영영 사라져 버린 줄만 알았던 아이는 다시 나타나

천진한 밝음으로 나를 밝혀준다.

그 밝음이 이렇게 따뜻하고 행복한데

왜 자꾸 잊는 걸까.

왜 자꾸 머뭇거리는 걸까.

새벽, 나를 만나며 시작하는 하루와

그렇지 못한 하루가 전혀 다르다.

천진함과 밝음으로

나를 채워주는 아이를 만나는 기쁨이

점점 더 힘을 얻어가고 있어

기쁘고 감사하다.

김현주

햇살 한 문장

쓰기와 읽기는 내 안의 아이를 마음껏 뛰어놀게 한다.

사랑은

사랑은,
두근거림이고 설렘이고 떨림이다.
바라만 보고 있어도
벅차오르는 느낌이고 행복이다.
그렇게 바라보았다.
사람을, 세상을.

그런 느낌을 주는 이들을
그런 느낌을 주는 아름다움을
사랑하고 있다고 생각했다.

아이들의 반짝이는 눈을 보며,
함께하는 순간의 환한 웃음을 보며,
소리 내 껄껄 웃을 때
몸의 진동을 즐기며
사랑을 느끼고 행복을 느꼈다.

그런데 사실은
그런 느낌을 주는
'나'를 사랑하고 있었던 것이 아닐까.
그런 느낌을 받는 순간의
나를 사랑하고 있었던 것이 아닐까.

진짜 커다란 사랑은
자신을 향한 시선이고 느낌이고 감정이다.
스스로를 사랑하지 않는다고 느낄 때조차도
타인 곁에서, 세상 속에서,
사랑을 찾고 느끼고 있는 모든 순간에,
사실은 이미 스스로를 사랑하고 있는 것이다.

자신을 사랑하는 것이 이기적인걸까?
자신을 사랑한다는 것을 느끼는 순간,
세상을 사랑하고 타인을 사랑하는 힘을 갖게 된다.
자신을 사랑하는 힘으로
세상을 사랑하는 것이고,
자신을 사랑하는 만큼

세상을 향해서 타인을 향해서
사랑을 느낄 수 있는 것이다.

사랑은 참 신기하다.
주면 줄수록 커지고,
나에게로 향하는 사랑은 배가 된다.

김현주

햇살 한 문장

사실은 이미 스스로를 사랑하고 있는 것이다.

사랑밥

긴 겨울방학 동안 다이어트를 한다고 아침을 먹지 않던 딸은, 개학 후에도 여전히 아침을 먹지 않는다. 다이어트 때문이기도 하고, 속이 편하다는 이유이기도 하다. 아침을 챙길 일이 없으니, 굳이 아침 시간에 집에 있어야 할 필요를 느끼지 못했다.

이른 아침 집 앞 카페에서 커피를 마시며 책을 읽고 글을 쓰고 있었다.

7시 40분. 전화벨이 울렸다. 딸이었다.

"엄마, 어디예요?"

"집 앞 카페"

딸아이의 목소리가 젖어있었다.

"너 울었어? 왜 엄마가 없어서?"

"안 울었어요. 근데 엄마 불렀는데, 없어서 놀랐어요. 엄마, 와서 안아주면 안 돼요?'

아침에 일어나 혼자서도 잘 챙겨서 가는 딸인데 그래도 혼자 맞는 아침이 싫었었나 보다.

"그래, 엄마 바로 들어갈게."

서둘러 가방을 챙겨 집으로 갔다. 엄마를 기다리며 아직 침대에 있는 딸아이를 꼭 껴안아 주었다.

"엄마, 아침에 카페 안 가면 안 돼요? 일어날 때 엄마가 있었으면 좋겠어요."

"글쎄, 생각해 보자. 가능하면 우리 딸 일어날 때 집에 있도록 해볼게."

그날 이후 이른 아침에 카페에 가더라도 그 시간이 되면 후다닥 챙겨 다시 집으로 돌아온다. 아직 자는 딸아이의 얼굴을 쓰다듬고 껴안아 주고 일어날 시간을 알려준다. 딸아이는 그런 아침 시간을 즐긴다. 조금 더 자고 싶어 눈을 감았다 떴다 하면서.

어느새 등교 준비를 다 끝낸 딸이 안경을 내민다.

"엄마, 안경 닦아주세요."

크고 작은 일들을 스스로 알아서 하는 딸이 엄마에게 괜히 떼쓰듯 해달라는 일 중 하나다. 안경을 닦으며 현관까지 배웅해 주고 안경을 건네준다. 신발을 신고 안경을 낀 딸이 "다녀오겠습니다."하고 인사한다.

딸을 꼭 껴안고 뽀뽀를 해주며 말한다. "오늘도 행복한 하루 보내라. 사랑해~"

엄마에게 "사랑해요."라 말하며 문을 닫는 딸아이의 눈빛이 행복해 보인다. 그런 딸을 바라보며 문득 깨닫는다. 아~ 우리 딸이 밥은 안 먹어도, 매일 아침 사랑밥을 먹어야 하는구나.

오늘도 우리는 '사랑밥'을 먹었다.

김현주

햇살 한 문장

매일 아침 '사랑밥'을 먹는다

언제 생생한 살아있음을 느끼는가?

버스에서 내리며 발을 디디는 순간, 훅 감싸오는 흙 내음, 풀 내음이 놀라우면서도 반갑다. 코와 입을 감싸고 있던 마스크를 벗어버리고 깊은 숨을 들이마신다. 차들이 쌩쌩 달리는 6차선 도로 옆으로 나무가 우거져있는 공원이 나를 유혹한다. 촉촉하게 내린 비에 나무들이 한껏 기지개 켜며 싱그러운 자기만의 체취를 뿜어내고 있다.

"엄마, 최대한 천천히 와요."

차 안에서 받은 전화기 너머 딸아이의 말을 떠올리며 평소와는 다르게 발걸음을 재촉하지 않는다. 천천히 나무 내음, 흙 내음을 맡으며 촉촉한 공기의 싱그러움을 느끼며 걸어본다. 집과 공원으로 나누어지는 갈림길에서 잠시 망설인다. 오늘은 나에게 잠시 깊은숨을 들이마실 시간을 주어도 될 것 같아 공원으로 발걸음을 옮긴다.

잘 닦여진 길 옆, 흙으로 된 작은 산책길로 올라선다. 비가 많이 오지 않아 발이 빠질 염려는 없을 것 같다. 다행이다. 깊이 숨을 들이마시며 한발 한발 옮겨본다. 폐 속 깊이 싱그러운 공기가 들어가는 것을 느낀다.

'아~ 지금 숨을 쉬고 있구나, 살아있다는 것이 이런 것이지.'

몸의 아주 작은 부분이라도 생생하게 감각을 느끼는 순간, 살아있음을 느낀다.

눈이 확 트일 만큼 시원하고 아름다운 모습을 볼 때, 현관문을 여는 순간 몰려오는 새벽 공기를 느꼈을 때, 노란 아침 햇살이 잠든 세상을 깨우는 강렬한 따사로움을 느낄 때, 엘리베이터를 기다리다 문득 고개를 들어 멀리 보이는 웅장한 산들이 구름옷을 살짝 걸치고 위용을 뽐내는 모습을 보았을 때, 아, 나도 모르게 탄식을 내뿜으며 동시에 깊은 숨을 들이마신다.

우리는 늘 숨을 쉰다. 그렇지만 숨 쉬고 있음을 잘 느끼지 못한다. 늘 함께하고 너무나 자연스럽기에.

나에게 '살아있음'에 대한 강한 자각은 늘 깊은숨과 함께 온다. 그리고 온몸으로 눈과 귀, 코와 같은 감각 중 어느 하나라도 오롯이 느껴질 때 비로소 나는 살아있음을 느낀다.

김현주

햇살 한 문장

살아있음은 지금 이 순간의 생생한 감각이고 깊은숨이다.

아가야, 네가 어른이 되면

 엄마는 참 운이 좋은 사람이란다. 너처럼 반짝반짝 빛나는 멋진 아이를 아들로 두었으니까 말이야.

 널 만나기 위해, 진심을 다해 기도했어. 길을 걷다 만난 보름달, 맑게 갠 하늘, 별이 가득한 밤하늘…. 무엇을 보던 내 바람은 단 하나였지. 너를 하루 빨리 보내달라고, 우리에게 제발 아이를 허락해 달라고 말이야.

 그렇게 바라고 바라던 네가 내 안에 있다는 걸 알게 된 그날부터 매일이 얼마나 소중하고 감사했는지 몰라.

네 덕분에 무엇을 하든, 어디에 있든, 누구와 있든 전혀 외롭지 않았어. 항상 너와 함께였으니까. 심심할 때면 너에게 말을 걸었고, 우울한 날엔 속마음을 털어 놓았지. 궁금한 게 있을 땐 이것저것 물어보기도 하면서 그렇게 우리는 하나였어. 뱃속에서 꼬물거리는 너의 생명감을 느끼며, '경이롭고 신비하다는 게 이런 느낌일까?' 싶어 행복했고, 움직임이 느껴지지 않는 날엔 걱정과 우려 속에 애타게 불러보기도 했지.

벚꽃이 흩날리던 봄날, 마침내 너를 품에 안았단다.
널 낳고 입원해 있는 동안, 밤마다 울었어. 내 안에서 우리는 하나였는데, 낯선 세상에 나와 갑자기 떨어져 외로울까 봐, 혹시나 엄마를 애타게 찾고 있을까봐 하는 걱정에 자꾸만 눈물이 났어. 제대로 안아 주지도 못하고, 기저귀도 못 갈아 주면서도 널 만나는 순간이 마냥 좋았어. 너는 우리에게 주신 귀하고 고운 축복이고, 그 존재만으로 가장 소중한 아이니까.

너는 조급해하지 않아도 너만의 시계에 따라 충실하게 자라났어. 다그치지 않아도 때가 되면 스스로 고개를 가누고, 몸을 뒤집고, 앉고, 일어서더라. 그리고 얼마 지나지 않아, 작은 발로 한 걸음씩 걷기 시작하더니 곧 신나게 뛰어다녔지. 어느 날, "맘마! 맘마!" 하면서 한참을 떠들더니 그 뒤로 말문이 트였는지, 짧은 단어들을 하나 둘씩 내뱉기 시작했어. 분유도, 이유식도 무엇이든 잘 먹었고, 기저귀도 불편하다며 알아서 자연스레 떼더라. 한 해, 두 해 자라날수록 정말 과분한 선물처럼 느껴졌어. 가르쳐주지 않아도 알파벳, 숫자, 한글을 깨우쳐 말하기 시작했거든. 특히 표현력은 정말 놀라웠단다. 상상도 못해본 마법 같은 말들 때문에 심장이 짜릿했던 순간은 셀 수 없이 많아.

'꺄르르' 웃는 얼굴, 재잘재잘 떠드는 목소리, 초콜릿 묻히며 도넛 먹는 모습, 떼쓰고 우는 표정, 졸린 눈 비비며 버티는 순간들, 그리고 떼굴떼굴 구르며 잠든 모습까지…. 넌 무엇 하나 사랑스럽지 않은 게 없어.

아가야, 엄마는 매일 밤 널 위해 기도해.
네가 살아가는 모든 시간동안 충분히 사랑받고, 사랑하며, 사랑 안에서 행복하기를….
하지만 살다 보면 언제나 기쁘고 즐거운 일만 있지는 않겠지. 누구에게나 예기치 못한 슬픔, 아픔, 고통이 따르기 마련이니까. 많은 사람들을 만나고 긴 세월을 살아가다 보면 도무지 이해할 수 없는 사람도 만나게 되고, 상상 하기 싫은 순간이 불쑥 찾아오기도 해. 차라리 꿈이라면, 기억 속에서 사라졌으면 하는 날도 있고, 다시는 마주치기 싫은 악연도 생길거야. 왜 하필 나일까? 싶은, 온 세상이 원망스러운 날이 올 수도 있어.

 엄마는 순수하고 여린 널 보면 걱정이 많아.
 앞으로 네가 맞이해야 할 그 큰 세상과 긴 시간들을 과연 온전히 감당할 수 있을까? 잘 헤쳐 나갈 수 있을까? 하는 우려 때문에 말이야. 그래서 혹시나 도움이 될지 모를 몇 가지 얘기를 해줄게.

 첫째, 너를 가장 잘 지켜줄 사람은 바로 너 자신이란다.
 감정을 제대로 표현하지 않으면 아무도 그 마음을 알아챌 수 없어. 누군가에게 불편하고, 불쾌한 마음이 들었다면, 그 솔직한 생각을 진지하게 전할 수 있어야 해. 누군가의 무례함이 처음엔 실수였더라도 묵인하다 보면 습관이 될 수 있거든.

그러니 타인의 무례함을 쉽게 넘기지 마. 네 자신을 가장 소중히 여기렴.

둘째, 인연은 여러 번 만나면서 천천히 살펴봐야 해.

화려한 겉모습과 그럴싸한 언변 보다 중요한 건 친절한 눈빛, 미소, 말투, 행동 하나하나란다. 진짜 좋은 사람은 다른 이를 배려할 줄 알며, 따뜻하고 믿을 수 있는, 사랑이 묻어나는 사람이야. 첫 인상이 좋은 사람보다는 볼수록 매력 있는, 만날수록 편안해지는 사람을 가까이 두렴.

셋째, 매일 전속력으로 달려가며 무리할 필요는 없단다.

가끔은 천천히 쉬어가도 괜찮아. 그건 절대 멈추거나 포기하는 게 아니니깐. 하지만 이건 기억하렴. 인생엔 매 시기마다 다시 돌아올 수 없는 '결정적 타이밍'이 있어. 최선을 다해 공부해야 할 때, 열렬히 사랑해야 할 때, 미친 듯이 일해야 할 때, 밤새도록 놀아도 괜찮은 때처럼 말이야. 그 시기를 놓친 후, 한참이 지나 다시 이루고자 할 때에는 체력이나 정신적으로 훨씬 더 많은 것들을 감내해야 하더라.

넷째, 혼자 감당하기 어려운 순간이 찾아오면 누군가에게 잠시 기대어도 돼.

사람은 혼자 살 수 없는 사회적 동물이잖아. 그건 절대 나약한 게 아니야. 다만, 꼭 명심해야 할 게 있어! 반드시 널 사랑해 주고, 믿을 수 있는 사람에게 기대어야 해. 아무에게나 기대면 그것이 상처로 되돌아올 수 있거든. 엄마는 늘 바라. 너에게 '쉼표'가 필요할 때 가장 먼저 떠오르는 사람이 나였으면…. 네 인생에 어려운 문턱마다 엄마가 함께 해주고 싶어.

다섯째, 포기하고 싶은 순간에는 처음 그 일을 왜 시작 했는지 다시 한 번 되짚어 보렴.

그 일이 여전히 너의 마음을 두근거리게 한다면 조금 더 용기를 내 보아도 돼. 하지만 후회하지 않을 거란 확신이 있다면, 멈추는 게 더 낫다고 생각되면, 그만두어도 괜찮아. 그만두는 것을 겁내지 마. 살다 보면 최악이라 생각했던 일들이 오히려 기회가 되기도 한단다. 인생에 훌륭한 전환점이 되어 주기도 하지. 우리에게 일어나는 모든 일은 그만한 이유와 널 위한 계획이 있더라. 그러니 너무 두려워 마. 언제, 어디서든 너의 버팀목이 되어줄게.

    여섯째, 삶이 지치고 마음이 무거울 때를 대비해 너만의 '회복 도구'를 챙겨두렴.
    그것은 사랑하는 사람, 설레는 추억, 지혜의 말씀, 선물 같은 여행이 될 수도 있지. 그게 무엇이든, 널 다시 웃게 해 줄 작은 힘을 곁에 두는 거야. 아가야, 부디 지금 어린아이의 모습처럼, 작은 것에도 행복감을 느끼며 긍정적인 삶을 살아주렴. 긍정의 힘은 너를 다시 일으켜 세우는 아주 큰 날개가 되어 줄 거야.

    세상에서 단 하나뿐인, 내 목숨보다 귀한 나의 아가야.
    엄마는 네가 얼마나 존귀하고, 사랑스러운 존재인지를 항상 기억하면 좋겠어. 살면서 어렵고 힘든 고비들이 찾아와도 지혜롭게 잘 이겨낼 수 있도록 기도할게. 처음 엄마에게 온 날 부터 지금까지, 그리고 앞으로의 매일 모두 너는 결코 혼자가 아냐. 일분일초, 단 한순간도 널 사랑하지 않았던 적이 없단다.
    내 전부인 너를, 영원히 변함없이 사랑하고, 응원할게!

햇살 한 문장

네가 마주할 어른의 세계는, 부디 내가 걸어온 길보다 더 평온하기를.

느려도 괜찮아, 불안해하지마

"너는 무얼 좋아하니? 커서 뭐가 되고 싶니? 진로는 정했니? 학교는 어디로 갈거니? 어떤 회사에 취업할거야? 무슨 일을 하면서 살거니?" 사람들은 남의 속도 모른 채, 너무 쉽게, 아무렇지 않게 툭툭 물어보곤 하더라. 그럴 때마다 난감하거나 당황스럽기도 할 거야.

그건 네가 잘못되었거나, 이상한 게 아니야.
인생에서 더 중요한 건 속도가 아니라 방향이란다.

나는 고등학교 때, 진로를 어느 정도 결정했었어. 그리고 진로의 방향 그대로 따라가서 결국 직업으로 삼게 되었어. 내가 살던 곳은 서울 근교의 개발 중이던 작은 도시였어. 어느 날, 새떼가 줄지어 날아가고 있더라. 그 모습이 정말 인상 깊었지. 자유로이 날아가는 새들을 보면서 '저 새들이 오래도록 평안하게 살 수 있게 도와주고 싶다.'라는 생각이 들더라. 그래서 선택한 길이 야생동물을 지키고 보호하는 일이야.

처음엔 어디 학과에 진학해서 어떤 직장을 가져야 하는지에 대한 정보가 거의 없었어. 내가 대입 준비를 하던 2000년대 초반에는 지금보다 정보를 얻기가 힘들었거든. 야생동물 관련 대학이나 기관도 거의 없던 시절이었어. 운명이었는지, 우연히 들어간 과가 관련 학과였어. 게다가 때마침 근처에 '야생동물 구조센터'가 개원해서 운 좋게 봉사활동도 할 수 있었지. '하늘은 스스로 돕는 자를 돕는다.'라는 말이 있잖아. 보다 심도 있게 배우고 싶다는 일념으로 관련 기관에서 봉사활동과 인턴생활도 하고, 동호회 활동도 하다 보니, 어느새 자연스레 대학원까지 진학하게 되었어. 현장에서 야생동물의 발자취를 따라다니는 게 너무 좋았어. 그렇게 원하던 생태분야로 박사 학위까지 무사히 마치고, 지금은 연구 기관에서 일하고 있지.

그런데 말이야, 시간이 흐르고 환경이 달라지면서 생각도 변하더라. 야생동물을 보호하고 싶다는 마음은 여전하지만, 산과 들에 나가는 게 좋아서 시작했던 예전과는 달리 지금은 교육이나 스토리텔링에 더 마음이 끌려. 나는 가던 길에서 크게 벗어나진 않았지만, 주변에는 훨씬 더 큰 전환을 겪는 사람들도 여럿 있어.

내가 아는 A양은 산에 가서 버섯을 찾고, 조사하는 걸 무척 좋아했어. 그리고 별 문제없이 학위까지 마쳤어. 모두들 그 친구가 당연히 전공을 살려 관련 기관에서 일할 거라 생각했지. 그러던 어느 날, 다른 나라로 여행을 떠나더니 꽤 오랫동안 돌아오지 않더라. 알고 보니, 타국의 예쁜 카페에서 일하고 있더라고. 무엇이 그 친구의 생각을 바꾼 건지는 모르겠지만, 지금 너무 잘 지내고, 행복해 보여.

누구나 알 만한 공기업에 다니던 B군은 취미로 하던 드론에 푹 빠져서 직장을 그만두고, 드론 촬영 기사로 전향했어. 뮤직비디오나 영화, 드라마 촬영장에서 흔히 보이는 바로 그 드론 말이야. 그 친구도 처음엔 경제적인 부분을 꽤나 걱정했었는데, 뭐든 열심히 하면 결국 결실을 맺는 건가봐. 지금은 결혼도 하고, 아이도 낳아 안정적인 일상을 지내더라고.

너 역시 진로를 변경한 이후, 더 잘되었다는 사람들 얘기를 많이 들었을 거야. 의사가 웹툰을 그리다가 대박이 나서 전업 작가로 전향한 경우도 있고, 공무원이 적성에 안 맞아 그만두고 여행을 다니며 책 쓰고, 개인 방송을 하다가 그게 잘 돼서 훨씬 만족스러운 삶을 사는 경우도 있지. 유명 연예인 중에도 대기업에 다니다가 그만두고 원래의 꿈을 찾아서 성공한 사람들도 있잖아.

　공무원이나 공공기관, 대기업 직원들까지 꽤 많이 그만두거나 이직한다는 거 알고 있지? 언제부턴가 평생직장이란 게 없어진 거 같아.

　지금 너는 단지 '때'가 오지 않았을 뿐이야.
　'하고 싶은 일'과 '할 수 있는 일'에 대해 깊이 고민해봐.
　네가 다양하게 경험하고, 생각해보길 바라. 우리는 정보의 홍수 속에 살아가고 있기에, 미디어, 책, 강연 등 다양한 경로로 많은 사람의 이야기를 접할 수 있어. 그들의 삶과 생각을 한 번 되짚어 보면서 너만의 해답이 어디에 있을지 고민해봐. 그리고 실제로 해보는 거야. 동호회, 봉사활동, 인턴 등 여러 방식을 통해 부딪혀봐. 요즘은 남의 도움이나 돈 없이 혼자서

할 수 있는 일들도 많아. 책을 써보기도 하고, 블로그를 하거나 개인 방송을 해보는 것도 있지. 해보고 아니다 싶으면 중간에 돌아와도 괜찮아. 틀리면 어때? 돌아가면 또 어때? 그건 잘못된 게 아니야. 아무도 널 탓하지 않아. 네 인생의 주인공은 오로지 너니까.

　지금 넌 인생의 터널을 지나가고 있는 거야.
차를 타고 터널을 지나가 본 적 있지? 터널이 없다면, 꽤 긴 거리를, 굽이굽이 돌아가야 할 거야. 터널은 좁고, 어둡고, 때로는 엄청 길기도 해. 하지만 가야 할 목적지를 더 빠르고 안전하게 이어주곤 하지.
네가 신나게 운전하면서, 하늘도, 산도, 강도 보며 달리던 길 위에, 갑자기 어두컴컴한 터널이 나타난 거야. 순간, 눈앞이 띵 했겠지. 하지만 괜찮아. 그 터널을 지나면, 다시 밝은 길로 나아갈 거니까. 그리고 결국 가고자 했던 곳에 무사히 도착하게 될 거야. 누군가에게는 터널이 보다 일찍 찾아왔을 거고, 누군가에게는 늦게 나타났겠지. 누군가에게는 길고 긴 터널이 이어진 대신 나머지 길이 수월할 것이고, 누군가에게는 짧은 터널이었던 만큼 나머지 길이 험난할 수 있어. 그러니 다른 사람과 비교하며 부러워하지 마.

그러나 터널 안에서 멈춰버리 건 정말 위험해. 그 안에서 멈춰버리면 대형사고가 날 수도, 오래도록 갇히게 될 수도 있거든. 조금 천천히 가는 건 괜찮아. 하지만, 절대 멈추지는 말자. 무엇이든 생각하고, 움직이면서 조금씩 나아가는 거야.

너를 가장 잘 아는 사람은 바로 네 자신이어야 해.

지금껏 그렇게 살아오지 못했다면, 이제부터라도 네 인생의 주인공을 '너'로 바꾸렴. 내면의 소리에 귀 기울이고 자신을 사랑하며 살아야 해. 견디는 삶이 아니라, 즐기는 삶을 위해 생각을 유연하게 갖고, 움직여야 해.

주변의 쓸데없는 목소리와 기대에 휘둘려 성급한 결정을 하지 않았으면 좋겠어. 그 사람들은 네가 아니잖아. 남의 일은 누구나 쉽게 말할 수 있지만, 책임져 줄 수는 없어. 진정하고 싶은 일을 찾는다는 것, 간절히 원하는 것을 발견한다는 것, 이루고자 하는 목표를 설정한다는 것은 정말 어려운 일이야. 어려워하거나 모른다고 해서 그것이 잘못된 건 아냐. 누구든 충분히 그럴 수 있어.

나는 널 진심으로 믿어. 항상 너의 편이 되어 줄게. 그러니, 불안해하지 않아도 돼.

김혜리

햇살 한 문장

끝내, 터널 너머에는 화사한 햇살이 다정히 너를 맞이할 거야.

오늘도 수고했어, 토닥토닥

 사회에 처음 발을 내딛은, 혹은 사회생활을 한 지 제법 되었지만 여전히 낯설고 서툴게 느껴지는 너에게 들려주고 싶은 이야기가 있어.

 나는 운 좋게 원하던 회사에 비교적 수월하게 입사했어. 으리으리해 보이던 건물, 처음 걸어 본 사원증, 동료들 한 명, 한 명에 대한 첫 인상까지 생생히 기억나. 다들 친절히 대해 줬지. 정해진 출퇴근 시간, 함께 일하는 사람들, 명함과 고정 급여… 그 모든 것이 만족스러웠어.
 그렇게 시간이 조금 흐르고 나니, 결국 현실이 드러나기 시작했지. 내가 직장을 처음 다니던 때는 여기저기 '꼰대문화'가 남아 있던 시절이야. 막내의 일이 그렇게 많은 줄 몰랐어. 막내는 부서에 오는 모든 전화를 받아야 하더라. 핸드폰 통화중이라도 상관없어. 핸드폰 통화를 끊든지, 양해를 구하든지, 일단 사무실 전화를 먼저 받아야 했지. 정수기에 커피자국이 묻어 있으면, 누가 흘렸든 막내의 책임이었고, 손님이 오면 무슨 일을 하고 있든지 간에 일단 차를 내와야 했어. 손님이 떠난 뒤엔 뒷정리까지 깔끔하게 마무리해야 했지. 복도 바닥에 이물질이 떨어져 있으면 그걸 닦아내는 일도 막내의 몫 이였어. 회식장소도 찾아야 했지. 누가 오는지, 몇 명인지, 숙소는 어디인지까지 고려해서 알아본 후, 최종 선택을 받아야 했어. 회의준비도 막내의 일이 제일 많더라. 자료 출력, 물품 준비, 테이블 정리, 참석자 연락… 모든 게 막내인 나의 몫이었어. 선배의 실수로 대신 혼나는 일도 있었지만, 그냥 묵묵히 혼났어. 억울했지만, 그렇게 하는 게 마음이 편했거든. 어쩌면 그 당시 사회적 분위기와 맞아 떨어졌는지도 모르지. 게다가 행정 프로그램을 난생 처음 접해 본 나는 매뉴얼대로 알아서 해야 하는 상황이 곤혹스러웠어. 매뉴얼을 아무리 봐도 이해가 안 되더라고. '어떻게든 해내야겠다.'는 생각에 민을 만한 선배에게 부탁해서 행정기술을 전수 받았어. 선배 옆에 찰싹 붙어서 빠짐없이 수첩에 적으며, 영상 촬영까지 했지. 그리고 실전으로 여러 번 같은 업무를 되풀이하면서 익숙해지려고 노력했어.

너희들도 비슷한 일들을 겪었을 거야. "내가 이런 걸 하려고 왔나?", "이런 것까지 해야 하나?", "제대로 알려주지도 않으면서 왜 그리 바라는 건 많지?" 그런데 이런 일들은 아무 것도 아니었더라.

내가 몰랐던 게 있었어. 회사에서의 인간관계는 가족도, 친구도, 사제지간도 아니라는 거야.

나는 사람을 대할 때 속내를 다 보여주는 스타일이야. 표정도, 말도, 감정도 숨김없이 드러내지. 쉽게 정이 들고, 가까워지고 싶어 해. 그래서 감정과 표정을 숨기고, 선을 긋는 사람들이 이해되지 않았어. 그런데 5년, 10년, 시간이 지나면서 알겠더라. 왜 그들이 그렇게 행동했는지. 지금의 나 역시 믿을 수 있는 몇 명을 제외하고는 나를 감추게 되더라.

분위기를 살펴보며 깨달은 게 있다면, '쉬워 보이는 사람일수록 쉽게 이용당한다.'는 거야.

쉬워 보이는데 일까지 못하면 매번 무시당하고, 쉬워 보이는데 일은 잘 하면 모든 일이 몰리게 되더라. 자기 일이 아닌 자잘한 잡무부터 누군가에게 시키기 애매한 일들은 모두 그 사람의 몫이 되더라고. "이건 제 일이 아닌 것 같은데요.", "업무 분배가 부당 합니다."라고 말해도 돌아오는 건 "일하기 싫어서 그러지?" 라는 어처구니없는 대답뿐이야.

만약 상사가 부당한 일을 맡기려 하거나, 과하게 일을 키우려 한다면, 즉시 대답하지 말고 시간을 벌어.

그건 네 의견을 듣고 싶어서가 아니라 이미 시키려고 마음먹었을 가능성이 크거든. 그럴 땐 "고민해 보겠습니다.", "조금 더 정보를 찾아본 후 말씀드릴게요."라고 얘기해. 그 동안 확실한 방어 전략을 세워야해. 피하는 게 나쁜 것만은 아니야. 살다 보면 회피가 상책인 순간도 있어. 물론 습관처럼 도망치라는 뜻은 아니야. 충분히 생각한 끝에, '지금은 피하는 게 낫겠다.'는 판단이 들면, 그땐 피하는 것도 괜찮아.

그리고 또 다른 팁! 직장 안에서는 항상 말을 조심해야 해.

사회생활 초창기에 선배에게 마음을 터놓고 상담한 적이 있어. "직장 생활이 좋긴 한데, 맞지 않는 옷을 입은 것처럼 주어진 책임이 버거울 때가 있어요." 그렇게 진심으로 이야기했는데, 얼마 지나지 않아, 그 선배 팀원들 전체가 그 얘길 알고 있더라. 심지어 그 중 한 명은 나에게 장난으로 "옷이 안 맞으면, 몸을 맞춰." 라고 웃으며 얘기했어. 정말 충격이었지. 회사에서 만난 선배들은 나이도 많고, 경험도 많고, 인성도 좋을 거라 생각했던 게 오산이었어. 지금 생각하면 말도 안 되는 착각이었지.

직장은 직장일 뿐이야. 자꾸 마음 주지 마.

다니다보면, 실적이나 승진 때문에 믿었던 사람에게 뒤통수 맞는 일도 생기고, 생전 들어보지 못한 험한 말도 들을 수 있어. 그런데 말이야, 너무 마음 쓰지 마. 그 사람들은 대부분 그 일에 대해 신경 쓰거나 후회하지 않거든. 결국 너만 서럽고 억울할 뿐이지. 굳이 그런 쓰레기 같은 감정들을 네 안에 담아 둘 필요는 없어. 그런 더럽고 못된 감정들은 내던져 버리는 게 상책이야. 너에겐 소중한 가족, 친구, 연인이 있잖아. 그런 속상한 감정들에 일일이 마음 쓰면서 아파하기에는 너무 귀한 사람이야.

  마지막으로 한 가지 더, 자신만의 무기를 지니고 있어야 해! 이게 제일 중요해. 남들보다 특히 잘 하고, 아무나 따라 할 수 없는 것. 직장에서 정말 필요로 하는 전문성 한 가지 정도는 있어야 하더라. 그렇게 되면, 내부가 아니더라도 외부에서 널 찾는 사람들이 생겨. 그러면서 자연스레 주변의 평가가 높아지지. 회사가 너를 선택하는 게 아니라, 네가 회사를 선택할 수 있는 상황을 만들어야 해. "구지 여기가 아니어도 할 수 있는 일 많아." 이걸 보여주는 거야. 그럴수록 널 함부로 대하지 못해. 네 자존감도 자연스럽게 높아질 거야.

  우리는 태어남 자체가 기적인 존재야. 누군가에게 엄청난 사랑을 받고 있는, 세상 가장 소중한 사람이란 걸 잊지 마. 지금의 자리에 오기까지 분명 최선을 다했을 거야. 그리고 그 자리를 선택한 이유도 당연히 있었겠지. 어쩌면 그 자리가 운명처럼 너를 선택했을 지도 모르지. 처음부터 잘 하는 사람은 없어. 그리고 시간이 흘러도, 새로운 자리에서의 또 다른 시작은 누구에게나 다시 '신입'으로 돌아가는 일이야. 그래도 넌 쉼 없이, 묵묵히, 꾸준히 노력하고 있잖아. 아무리 힘들고 버거운 시간도 결국 지나가기 마련이더라. 기죽지 마.

나는 알아. 네가 매일을 얼마나 열심히 견뎌냈는지. 앞으로도 너의 매일을 응원할게. 오늘도 수고했어. 토닥토닥.

김혜리

햇살 한 문장
내일은, 내일의 빛나는 태양이 너의 새로운 하루를 따스히 안아줄거야.

우리 다시 사랑하자

 우리는 운명처럼 만나 8년이라는 시간동안 서로의 곁을 지켜주다가, 어려움 없이 결혼했어.

 우리가 연애할 때, 달달했던 기억들이 참 많아.
 눈 오던 날, 나를 깜짝 놀라게 한 뜬금없던 고백. 길가에 핀 장미꽃을 잔뜩 따서 내 품에 안겨주던 상처투성이 손, 늦게까지 공부하던 나에게 귤 한 무더기를 들고 수줍게 나타났던 너, 딸기가 먹고 싶다는 말 한마디에 바로 사와서 깨끗이 씻고 꼭지까지 따준 세심함, 삐뚤빼뚤한 글씨로 한 자 한 자 써 내려간 정성스런 손 편지, "평생 네 머슴이 될게."라며 끝까지 헤어지지 말자고 말한 떨리던 목소리.

함께한 시간이 길었던 만큼, 추억도, 장소도 많아서, 언제, 어디서든 네가 곳곳에 묻어 있었어. 그래서 헤어진다는 건 상상도 할 수 없었지. 그렇게 우리는 사랑과 정, 의리와 편안함으로 똘똘 뭉쳐 물 흐르듯 자연스럽게 결혼식이라는 문턱을 순조롭게 넘었지.

결혼 후, 느낀 건, 우리가 너무 다르다는 거야.

'나'는 꽤 현실적이고, '너'는 '피터팬' 같은 사람이더라. 나는 차, 집, 생활비 같은 경제적인 문제에 예민하고, 너는 고가의 장비, 취미생활, 고급차를 동경했지. 감정기복이 거의 없는 잔잔한 내 성격과 달리, 너는 감정이 요동치는 사람이었어. 그런 차이가 점점 좁히기 어려운 간극이 되었고, 우리는 자꾸만 멀어졌어.

'널 닮은 아이는 어떤 모습일까? 우리가 둘이 아니라 셋이라면 좋아지지 않을까?'

그리고 머지않아, 바라고 바라던 아이가 찾아왔지. 우리는 아이를 통해 단단해지고, 끈끈해질 거라고 믿었어. 서로를 격정하고, 보듬으며 하나가 되리라 꿈꿨지. 그런데 꿈과 현실은 굉장히 다르더라.

아기를 낳고 나니, 호르몬이 멋대로 여서 제정신이 아닌 날이 많았어. 잠도 부족해서 예민함이 극에 달았지. 신생아가 두 시간마다 깨는 줄 몰랐어. 평소 별명이 '신생아'였을 정도로 난 잠이 많은 편이거든. 매일 졸린 눈을 비비며 분유 온도를 맞추고, 먹이고, 트림시키는 게 정말 힘들었어.

신생아는 먹는 것도, 트림하는 것도 오래 걸리더라. 내가 아기에게 분유를 먹이고 나면, 네가 트림을 시켰지. 그렇게 다 끝났다고 생각한 순간, 아기를 침대에 눕히면 바로 토를 해버려서 시트가 엉망이 되었고, 아기를 씻기고 갈아입히는 일이 반복됐어. 우리는 잠도 못자고, 참을성도 잃어갔지.

그래도 너는 다른 집 남자들에 비하면 잘 하는 편이었어. 아기 목욕을 도맡았고, 쓰레기 버리기, 분리수거, 설거지, 빨래도 했지. 하지만 낚시, 스쿠버, 자전거, 드론, 모임…. 사람 만나기를 좋아하는 활동적인 너에게 육아는 한 번도 겪어보지 못한 고난이도의 스트레스였던 거 같아. 너는 얼마 못가 참을성을 잃어가면서 본인만의 취미활동을 원했지. 억울하고 화가 났어. 난 아무것도 못하고 갇혀 지내는데, "혼자만의 시간을 갖고 싶다."는 마음을 있는 그대로 내비치는 너를 보며 뭔가 잘못되었음을 직감했지. 예전에는 장점으로 보였던 너의 리더십, 친화력, 사교성 같은 것들이 이제는 더 이상 두고 볼 수 없는 장벽이 되어 버렸지.

그렇게 엇나간 마음을 뒤로한 채, 시간은 계속 흘렀어. 아기는 걷고, 뛰고, 말하면서 점점 사람이 되었고, 우리는 부모가 되어갔지. 어느덧 아이가 유치원에 다니게 되면서, 우리에겐 시간적 여유도 생겼지만, 마음은 더 퍽퍽해졌어. 아이의 교육, 생활습관, 장난감… 모든 게 다툼의 씨앗이 되었어.

나는 한 순간이라도 더 아이랑 있으려 단축 근무에, 연차도 내면서 애쓰는데, 넌 자꾸 아이에게 맞벌이 부모를 둔 현실을 받아들이라는 식의 냉소적인 태도를 보였지. 그런 언행이 무책임하게 느껴졌고, 마음에 안 들었어. 특히, 네가 아이에게 언성을 높이거나 못되게 말할 때면 우리 관계를 당장 접고 싶었어. 별 것도 아닌 일에 서로에게 짜증을 냈고, 짜증내면 짜증낸다고, 화내면 화낸다고 더 크게 싸웠지.

그 모든 모습을 우리의 사랑스러운 아이가 바로 옆에서 지켜봤어. "이제 그만! 엄마랑 아빠는 하나님의 아이들이니까, 서로 사랑하며 지내야지!" 라고 말하던 아이는 "사랑하면 결혼해야지, 그럼 반지 끼워주고 뽀뽀해. 그다음엔 싸워. 결혼한 걸, 사랑한 걸 기억 못 하면 싸우는 거야!" 하고 덤덤하게 말하더라. 그 말을 듣는 순간, 내 마음은 갈기갈기 찢어졌어. '이렇게 사는 게 맞는 걸까? 다들 이렇게 사는 건가?' 암울 하더라고. 그 처참한 마음을 다잡아 준 건 늘 '그래도' 이었지. '그래도 지내온 정이 있는데, 그래도 부모님께 잘하잖아, 그래도 아이 아빠인데….' 그런 생각들이 나를 버티게 했어.

내가 본 아빠는 엄마에게 다정한 사람이 아니야. 그런데도 엄마는 늘 아빠에게 친절하셨지. 생각해 보니, 엄마는 우리를 위해 그러셨던 거 같더라. 자식들에게 사이좋은 부모의 모습을 보여주고, 건강한 가정을 만들어 주고 싶어서 노력하신 거였어. 그걸 깨닫고 나서야 '아차!' 싶었지. 그리고 나도 변해 보기로 다짐했어.

내가 사랑한, 너 그대로의 모습을 받아들이기로 했어.
더 이상 나에게 맞추려 애쓰지 않기로 했어. 넌 순수하고,

밝고, 활동적인 사람이야. 진지한 상황에서도 위트 있게 분위기를 전환할 줄 알고, 잘 먹는 만큼 힘도 세고, 수학은 못해도 기술은 잘하지. 동생들에게는 엄하지만 윗사람들에게는 예의를 지키고, 개념 없는 걸 싫어해. 말이 많아 심심할 틈이 없고, 월요일 아침에도 웃으며 회사 가는 성실한 사람이기도 해. 가끔 자기도 모르게 목소리가 커지지만, 그건 화나서가 아니라 흥분하거나 당황 했을 때 튀어나오는 감정의 울림이었지. 그래… 그게 너야. 넌 변한 게 아니었더라.

그리고 너에게 다정하기로 했어. 짜증이나, 화가 날 땐 자리를 피해서 마음을 정리했어. 돌이켜 보니, 네가 싫은 게 아니었더라. 그저 날 사랑하지 않는 것처럼 느껴지는 게 싫었던 거였어. 그래서 먼저 표현해 보기로 했지. "오늘 하루 어땠어? 힘들지 않았어? 안아줘, 손잡자, 아빠 닮아서 우리 아들이 예쁘게 말하는 거 같아, 유치원 숙제가 많아서 혼자 하기엔 벅찬데, 나눠서 같이 하자, 이번 주는 자기가 애기 병원 좀 다녀와 주라." 말도 예쁘게 하고, 힘든 일도 나누려 표현했어. 내가 변하니 너도 차츰 달라지더라. 그 동안 삐지고, 토라지기만 했지, 정작 내 마음을 표현하거나, 대화를 하지는 않앉더라고. '왜 내가 먼저 변해야 하지? 또 나만 걱정하는 건가?' 하는 생각에 지치고 버겁기만 했어. 어쩌면 그건 자존심 때문이었을지도 몰라. 하지만 알게 됐어. 나그네의 외투를 벗긴 건 차디찬 바람이 아니라 따스한 '햇살' 이었다는 걸.

앞으로도 우리는 어떤 날엔 하나, 어떤 날엔 둘이 되며 긴 시간을 함께 하겠지.

오랜 시간 따로 살아 온, 성격도 성향도 너무 다른 우리라 서로를 완전히 이해한다는 건 불가능한 걸지도 몰라. 하지만, 그래도 난 매 순간마다 노력할 거고, 가장 익숙하고 편한 '너'를 선택할거야.

그러다 보면, 우리도 언젠가 그림 속 노부부처럼 서로에 버팀목이 되어 기대어 있겠지.

우리 그렇게 천천히, 오래오래 서로의 곁을 지켜주자.

김혜리

햇살 한 문장

내 짝꿍, 앞으로도 잘 부탁해.

넌 충분히 멋진 엄마야

남편이 남자친구였을 때 일이야. 어느 날 그가 물었어. "넌 취미가 뭐야? 뭐 할 때 제일 좋아?" 그 질문에 순간 할 말을 잃었어. 한참을 고민한 끝에 겨우 내뱉은 대답은, "내 취미는… 너야, 너랑 있는 거, 너랑 노는 거." 그래, 나는 예전에도, 지금도 딱히 취미가 없어. 사실 여유롭게 무언가에 몰입할 만큼의 여유가 부족한 거 같아. 아이를 갖기 전, 나의 일상은 대부분 '일'과 '잠' 뿐이었어. 한 달의 절반은 출장지에서, 나머지 날들은 야근에 주말근무로 바쁘게 보냈었지. 잠깐의 시간이 생기면, 밀린 일을 처리하거나 관련된 공부로 시간을 채웠어. 그런데 그때의 삶이 고되거나 불행하다고 느낀 적은 없어. 오히려 '일하는 시간'을 즐겼고, 지금도 '일할 수 있는 시간'이 편하고 좋아. 아마도 오랫동안 그렇게 살아와서 익숙해 졌나봐.

아이를 낳고 단축 근무를 시작한 뒤로는, 늘 시간에 쫓기듯 버거운 하루를 살아가고 있어.

남들보다 매일 두 시간 이상 오래 일하던 내가, 이제는 두 시간을 줄여야 하니 일정이 너무 촉박하고 벅차. 점심시간도 반납하고 열심히 달리지만, 일이 밀리거나 원하는 만큼의 결과를 내지 못하는 날이 많아. 게다가 출장도 잦은 업무라 제대로 참여하지 못하는 일도 부지기수야. 심지어 우리 직장은 전국 단위로 인사이동이 있는데, 몇 년 전부터 전라남도로 내려오라는 이야기를 계속 듣고 있어. 하지만 그 곳은 집에서 편도로 네 시간이 넘게 걸리는 거리야. 아이와 가정을 생각하면 절대 갈 수 없어서 단호히 거절했지. 그런데 이런 사정을 이해하기 어려운 조직 문화라 더 눈치 보이고, 죄스럽더라고. 언제부터인지 자꾸만 "죄송합니다."라는 말을 수식어처럼 달고 다니는 나 자신이 참… 슬퍼.

아이에게는 좀 더 괜찮은 엄마일까?

나 역시 맞벌이 부모 밑에서 자라서 그런지, 부모의 부재에 더 민감한 편이야. 그래서 아이만큼은 그 공허함을 덜 느끼길 바라는 마음으로 최선을 다하고 있어. 지금 나는 편도 1시간 10분 거리의 직장을 매일 오가고 있어. 아이가 자라기에는 남편 직장 주변의 인프라가 훨씬 나았고, 양가 부모님과도 가까워 도움을 받기 수월하거든.

단축 근무를 하더라도 하원은 대체로 다섯 시 반쯤이야. 아이에게는 꽤나 긴 기다림이겠지. 가족참여 행사나 부모 상담도 최대한 직접 참여하려 노력중이야. 방학 때는 대부분의 아이들이 집에서 시간을 보내는 것 같더라. 맞벌이 부모가 적은 건지, 의지할 곳이 있는 건지, 그런 주변의 상황을 보면서 우리의 현실이 더 야속하더라. 그래서 방학에는 남편과 내가 번갈아가며 연차를 내고, 양가의 도움을 받는 식으로 버텼어. 방학기간에는 등원하는 아이도 적고, 선생님도 몇 분만 나오시고, 별도 프로그램도 없더라고. 아이가 쓸쓸할 것 같아 평소처럼 등원시키고 싶지 않았어. 남편은 "아이도 겪어야지. 생각보다 애들은 강해."라고 했지만, 내가 어릴 때 느꼈던 서러움을 우리 아이가 겪게 하고 싶지 않았어.

그러던 어느 날, 가족참여 행사가 있었어. 그런데 하필이면 나도, 남편도, 양가 어른들도 모두 참석이 어려운 날이었지. 결국 아이를 친구 엄마에게 부탁할 수밖에 없었어. 아이가 조심히 묻더라. "엄마, 일 그만두면 안 돼?" 그 말이 머릿속을 맴돌았어. 많이 속상했던지, 헤어질 때 두 팔 가득 날 꼭 껴안고 울먹이더라. 나는 아이를 힘껏 안아주며 등을 쓰다듬었고, 그렇게 뒤돌아서는 왈칵 눈물이 쏟아졌어.

어떤 날은 나도, 남편도 출장 중이었는데, 선생님에게서 전화가 왔어. "아이가 열이 높아서 많이 힘들어 해요." 당장 갈 수 없는 상황이었기에 마음이 무거웠지. 회의가 끝나자마자 최대한 속력을 내어 달려갔어. 하루 종일 어린이집 한쪽에 누워, 선생님의 간호를 받으며 버틴 우리 아이. 많이 아프고 힘들었을 텐데, 날 보자마자 힘겹게 '베시시' 웃더라. 그 모습에 고맙고, 미안하고, 짠한 마음이 한꺼번에 몰려왔어.

한 달에 한두 번 정도는 어쩔 수 없이 출장을 가야 하는데, 아이가 말하더라, "엄마, 이제 출장 안가면 안 돼? 나 엄마 없는 거 싫어." 순간 당황스러웠어. 불과 며칠 전만 해도 이모에게, "엄마가 일하느라 집에 못 와도 괜찮아요. 어차피 하룻밤만 자고 다시 오실 거예요."라고 씩씩하게 말했던 아이거든. 그 말을 떠올리며 생각했어. '우리 아가도 많이 힘들었구나. 괜찮은 척, 씩씩한 척, 그렇게 엄마를 안심시키려 애썼던 거구나.' 가슴이 미여졌어.

그렇게 아이는 35개월 때 부터 맞벌이 부부의 아이로, 묵묵히 적응하며 열심히 자라고 있던 거야.

'일을 그만둬야 하나?' 싶은 생각은 수도 없이 했지.

하지만 발목을 붙잡는 게 많았어. 나는 엄마이기도 하지만, 오랜 시간 한 분야에서 열심히 걸어온 '전문가'이기도 하니까. 부모님과 주변의 기대도 있고, 내 삶을 지탱해주는 커리어도 중요하거든.

그리고 전공을 살릴 수 있는 직장이 희소하기에 그만둔다면, 다시 직장을 얻는 게 거의 불가능해. 결국 경력단절이 될 수밖에 없겠지.

특히 육아휴직 시절, 나 자신이 서서히 무너져 가는 걸 절실히 경험했기에 전업주부로 사는 게 솔직히 두려워. 그때는 극도의 스트레스로 감정조절이 어려워서 남편과 아이를 꽤나 힘들게 했거든. 그 시절 남편은, "아이가 어려도 어린이집에 맡기고, 다시 일을 해. 그게 모두를 위해 더 나은 거 같아."

라면서. 계속 복직을 권유 했었어. 복직한 이후 깨달았어. '나는 일 하는 걸 참 좋아하는 사람이구나.' 그 후로 이상행동은 말끔히 사라졌고, 다시 '나'로 돌아올 수 있었어.

살림이나 요리에도 흥미가 없어. 못하기도 하고, 의지도 없어. 당장의 경제적인 문제도 무시할 수 없는 현실이고.

우리가 정말 잘못하고 있는 걸까?

우리나라는 저출산 국가잖아. 그래서 정부에서도 단축근무, 육아휴직… 같은 제도를 하는 거잖아. 마땅히 누려야 할 권리를 눈치봐야 하는 게 억울하더라고. 그래서 결심했어. '나 때문에….' 하는 그 마음, 이젠 찢고, 구겨서, 쓰레기통에 싹 다 버리기. 눈치 보며 미안해할수록, 내가 잘못한 사람처럼 느껴지더라. 그럴수록 괜히 아이도 나와 같이 '천덕꾸러기'가 되어버리는 거 같기도 하고.

이제 그만 미안해하자. 우리는 잘못 한 게 없어. 직장에서의 '일'이 당장 눈앞의 현실이라면, 가정에서의 '양육'은 미래의 희망을 키우는 일이야. 한 생명을 품고, 낳고, 사랑으로 돌보며 길러내는 일. 그건 아무나 할 수 있는 게 아니야. 아이 하나하나가 앞으로 이 나라를 구할 수도, 망하게 할 수도 있어. 그 만큼 엄청나게 막중한 일을 해내고 있는 거야.

어쩌면 우리가 너무 열심히 살아서 그런 거야.

남들은 퇴근 시간이라도 있지만, 우리는 회사에서의 퇴근이 가정으로의 출근이잖아.

지금 이 힘든 시기도, 결국 흘러가겠지. 아이도 매일 조금씩 자라잖아. 주위를 한번 둘러 봐봐. 아이도 없으면서 일도 안하고, 남들한테 다 미루는 사람도 많아. 우리보다 오랜 시간 일하면서 성과는 오히려 더 못내는 사람도 많지. 하지만 너는 달라. 네가 할 수 있는 범위 안에서 누구보다도 치열하고 성실하게, 최선을 다 하고 있어. 그러니까, 절대 움츠리지 마. 당당하게 어깨 펴고, 자신감 있게 살아도 괜찮아. 누구도 널 욕하거나 비난할 수 없어. 아이도 네 일을, 노력을, 그리고 너의 삶을 이해하고, 응원하게 될 거야. 네가 간절히 바라던 그 꿈. 절대 포기하지 마.

나는 십년 후, 네가 아이의 두 손을 꼭 잡고 서로의 하루를 재잘거리며 웃고 있는 모습을 상상해.

학교에서, 회사에서 있었던 사소한 일들을 나누며 따뜻하게 미소 짓는, 그 평화로운 풍경 말이야.

분명히, 틀림없이, 머지않아 그런 날이 올 거야. 우리, 조금만 더 해보자. 넌 정말 멋진 여자야.

김혜리

햇살 한 문장

넌 아무것도 잘못한 게 없어. 지금도 충분히 잘해내고 있어.

인생의 어느 길목에 서든 뒤돌아보며 부끄럽지 않은 삶이었기를 소망합니다. 그리고 그 길에서 빛나는 별이 되고 싶습니다.

〈기적〉 중에서

2장

햇살처럼
누군가의 마음에 닿기를 바라며

커피 한 잔의 특별한 위로

 나의 아침 루틴 중 가장 중요한, 의식처럼 반복되는 행위가 있다. 바로 커피를 마시는 일이다. 정확히 언제부터 이 행위가 루틴이 되었는지 기억나지 않는다. 아마도 바쁜 아침, 정신을 차리는 데 가장 효과적인 방법이었을까. 어느새 정수기 앞에 서서, 텀블러에 드립백을 걸치고 뜨거운 물을 붓고 있는 나 자신을 발견하곤 한다.

 커피를 내릴 때 코끝에 닿는 고소한 향은 멍한 정신을 깨우는 일종의 알람이다. 특히 비 오는 날이면 커피가 더 간절해진다. 유리창을 톡톡 두드리는 빗소리를 들으며 손바닥에 전해지는 따뜻한 온기는, 추운 날 이불 속에 파묻혀 몸을 녹

일 때의 포근함을 떠올리게 한다.

재미있는 것은 같은 커피라도 사무실보다는 카페에서 마실 때 더 맛있게 느껴진다는 점이다. 내가 진짜 커피 맛을 좋아해서일까, 아니면 분위기를 마시는 것일까. 어쩌면 두 가지 모두 이유일지도 모르겠다. 분위기 좋은 카페에 앉아 좋아하는 사람과 이야기를 나누는 시간만큼 행복한 시간이 또 있을까. 사무실에서는 조심스럽게 아껴두었던 말들도, 카페에서는 편안히 꺼내놓을 수 있다. 서로의 말을 귀 기울여 나누는 깊은 대화는 그 자체로 커피보다 더 깊고 진한 여운을 남긴다.

같은 사무실에서 일하는 팀원들과 점심시간이 되면 부지런히 도시락을 먹고 나서 "오늘은 어느 카페로 갈까?" 하며 즐거운 고민에 빠진다. 사무실 주변은 테이크아웃 전문점부터 개성 있는 개인 카페까지 선택지가 풍성하다. 다양한 맛과 분위기 중에서 고르는 재미는 어느 아이스크림 광고처럼 '골라 먹는 재미'를 선사한다. 우리는 점심시간에 소화를 시킨다는 핑계로 산책하다 마음에 드는 카페에 들어간다. 새로운 곳을 찾아다니는 그 소소한 모험은 언제나 즐겁다.

얼마 전 사무실 팀원에게서 새로운 카페 정보를 들었다.

'찐 커피 팬'이 아니고서는 찾기 어려운 위치에 있는 카페는 '브루잉 커피바(Brewing coffee bar)'라는 이름이 붙은 핸드드립 전문점이었다. 간판 하나 없이, 입구 옆 작은 원목으로 만든 입간판과 카페 유리에 적힌 하얀 글씨의 가게 이름이 전부였다.

가게 이름을 보다가 문득 궁금해졌다. '브루잉 커피'는 어떤 커피일까?

브루 커피(Brew coffee)는 '커피를 추출하다', '커피를 내리다'라는 의미로 3~4분 정도 천천히 추출하는 커피 종류를 일컫는다. 흔히 브루 커피를 더치커피와 혼동하지만, 더치커피는 사실 일본에서 만들어진 현대식 콜드브루 방식으로 일본식 영어에서 비롯된 말이다.

이런 의미라면, '브루잉 커피'는 '시간과 정성이 만들어내는 커피겠구나'라는 생각이 들었다.

화려하지 않은 외관과 카페 이름의 의미를 알고 나니 더욱 호기심이 생겼다.

'혹시 커피 맛에 자존심을 건 바리스타가 있는 건 아닐까?' 하는 생각과 함께 문을 열었다.

누구나 비슷한 경험이 있을 것이다. 길을 걷다 우연히 들어간 빈티지 가게에서 보물 같은 물건을 발견했을 때의 설렘. 이 '브루잉 커피바(Brewing coffee bar)'가 내게 그런 공간이었다. 아담한 실내에는 핸드드립 장비들이 가지런히 놓여 있었고, 전국 각지에서 직접 고른 블렌딩 원두의 맛과 향이 꼼꼼히 적힌 메뉴판이 나를 반겨주었다.

바리스타는 마치 미술관 도슨트처럼 원두의 특성과 향을 친절하고도 자세하게 설명해 주었다. 원두를 미니 유리병에 담아 시향할 수 있게 한 그의 배려는 커피에 대한 깊은 애정이 느껴졌다.

이곳의 가장 큰 차별점은 무엇보다, 내가 고른 원두를 바로 그 자리에서 커피로 내려준다는 점이다. 커피가 추출되는 모습을 바라보고 있으면 마치 이 카페만 시간이 느리게 흐르는 듯한 착각이 든다. '시간이 돈'이라는 말이 실감 나는 요즘, 사이렌 오더로 주문하고 기다림 없이 바로 픽업하는 편리함에 익숙한 우리에게, 이 느림의 미학은 오히려 낯설고 특별하다.

바쁜 점심시간에는 빠르게 나오는 커피를 주로 찾게 되지만 가끔 이렇게 핸드드립 커피를 만나면 마음 한쪽에 여유가 피어난다.

핸드드립 커피는 사람이 직접 손으로 만드는 커피다. 물줄기의 세기와 속도에 따라 추출되기 때문에 맛과 향이 미묘하게 달라져서 바리스타의 손끝에서 커피 맛이 결정된다.

그래서일까, 정성껏 커피를 내리는 모습을 보고 있으면 마치 도예가가 흙으로 도자기를 빚는 예술처럼 느껴지기도 한다. 그날 처음 방문한 '브루잉 커피바(Brewing coffee bar)'의 커피 맛은 쉽게 잊히지 않는다. 묵직하면서도 고소한 견과류 향이 혀끝에 맴돌며 오후 내내 나를 기분 좋게 해주었다.

이쯤 되면 커피의 세계에서 벗어나기 어렵다. 하루의 바쁜 흐름 속에서 잠시 멈춰 천천히 음미하는 커피 한 잔이 주는 기쁨은 생각보다 오래간다.

흔한 커피 한 잔도 공간과 시간이 어우러지면 특별한 위로가 된다.

당신의 하루에도 '브루잉 커피바(Brewing coffee bar)' 같은 순간이 있기를 바란다.

박영욱

햇살 한 문장

흔한 커피 한 잔도 공간과 시간이 어우러지면 특별한 위로가 된다.

같이 가치-함께 걷는 길

 마흔이 되던 해, 운영하던 개인 공방을 정리하고 다시 직장인이 되었다. 전에 근무했던 법인이 운영하는 기관에 자리가 났는데 다시 일해보지 않겠냐는 제안을 받은 것이다. 이전 직장의 업무 스타일과 분위기는 잘 알고 있던 터라 큰 걱정은 없었다. 다만, 함께 일하게 될 사람들과 새로운 업무 환경에 잘 적응할지 걱정되었다. 더군다나 둘째가 초등학교 입학을 앞두고 있어 등하굣길을 함께 해줄 수 없는 미안함이 컸다.

 나는 어떤 일이 닥쳐와도 긍정적으로 바라보려 노력하는 성격이다. 아직 오지 않은 미래를 걱정하기보다는 부딪혀보자는 마음으로 2020년 1월, 다시 출근길에 나섰다. 그러나 6

년 동안 혼자 일하던 습관이 배어서였을까. 오랜만에 느껴보는 사무실 분위기가 조금 답답했다. 자유롭게 시간을 쓰며 대부분 육아에 초점을 맞췄던 생활에서 9시 출근, 6시 퇴근의 정해진 틀에 들어가는 것이 낯설고 어색했다.

하지만 다시 시작한 만큼 열심히 해보자고 마음을 다졌다. 그런데 그 다짐이 무색하게도, 곧 코로나바이러스라는 복병이 터지고 말았다. 전 세계가 코로나로 인해 발칵 뒤집힐 줄은 전혀 예상하지 못했다. 온 세상이 온라인으로 소통하게 된 현실은 더욱 낯설었다. 코로나는 생각보다 조용하게, 그러나 잔인하게 우리의 일상을 빼앗아 갔다.

청소년과 활동하는 우리 기관은 말 그대로 '멘붕'이었다. 학교에 가지 못하는 청소년들이 우리 기관에 올 일은 없었고 대면 활동이 주를 이루던 기관 운영을 비대면 활동으로 전환해야 하는 상황이 당황스러웠다. 전국의 모든 학교가 온라인 수업으로 전환되면서 우리도 거기에 발맞춰 줌(ZOOM)과 유튜브 라이브 같은 시스템 도입과 운영이 절실했다. 어떻게든 돌파구가 필요했다.

다행인 것은 팀원 중에 이런 분야에 능통한 사람이 있어서 우리는 서로 배우며 어려운 시국을 함께 헤쳐나갔다. 처음에는 줌(ZOOM)을 사용하는 것도 어색하고 유튜브 라이브는 더욱 어렵기만 했다. 청소년을 직접 만나지 못하는 답답함, 익숙하지 않은 온라인 도구 활용은 마흔의 내게 또 하나의 큰 학습이었다. 이때 얻은 깨달음이 하나 있다. '세상에 배우면 못 할 것이 없고, 함께 해결하면 크게 두렵지 않다.'라는 사실.

기억에 남는 두 가지 추억이 있다. 첫 번째 추억은 중고 물품 나눔 장터 프로그램이다. 말 그대로 사용하지 않는 물건을 가지고 나와 시민들에게 나누거나 저렴한 가격에 판매하는 활동이다. 자원순환으로 환경 의식을 높이는 데 의미가 깊었고 만족도가 높은 활동이었다.

그러나 늘 대면으로 하던 이 활동을 비대면 활동으로 어떻게 전환할지가 고민이었다. 그때 내 머릿속에 떠오른 아이디어는 바로 티브이에서 매일 보는 홈쇼핑이었다.

"우리 홈쇼핑처럼 해보는 건 어때요? 쇼 호스트 역할을 해 줄 사람을 섭외하고 중고 물품을 미리 받아서 유튜브 실시간 방송으로 판매를 해보는 거예요!"

쇼 호스트 역할은 사회를 잘 보는 전문가를 섭외했고, 나와 다른 팀원들은 돌아가면서 쇼 호스트와 장단을 맞춰 물건을 소개했다. 방송을 시청한 참여자 수나 판매 실적은 기대에 미치지 못했지만, 포기하지 않고 함께 도전했다는 사실만으로도 값진 기억이 되었다. 혼자였다면 엄두도 못 냈을 일을 함께 이뤄낸 그 경험은 내게 소중한 자산으로 남았다.

두 번째 추억은 공모사업으로 선정된 '나도 업사이클 디자이너'라는 프로그램이다. 이 활동을 기획하고 지원할 때만 해도 코로나 상황이 심각해지리라 생각하지 못했다. 환경과 진로라는 주제로 양말 생산 과정에서 버려지는 양말목을 활용해 생활에 필요한 소품을 만들어보는 디자인 활동이었다. 공방을 운영할 때 수없이 해봤던 거라 가르치는 건 문제가 아닌데, 비대면으로 어떻게 풀어갈지가 고민이었다.

여기서 또 협업이 큰 힘을 발휘했다. 영상미디어를 전공한 동료에게 방법적인 부분을 상의하면서 도움을 요청했더니 교육실에 간이 방송실을 마련해주었다. 그 공간에서 환경교육과 제작 과정 영상을 직접 촬영하고 편집하여 녹화본을 나에게 넘겨주었다. 나는 참가 청소년들에게 녹화본을 전달하여 영상을 보고 제작 과정을 익힌 후 완성된 작품의 사진을 찍어 제출하도록 했다. 다음 카페를 활용하여 개인별 활동을 기록하고 인증하는 방식으로 프로그램을 이어 나갔다. 이 또

한 동료들이 없었다면 불가능했을 일이다.

돌이켜보면 언제나 그랬다. 2005년 처음 입사했을 때도, 그리고 2020년 다시 돌아온 현장에서도, 혼자 해낸 일은 없었다. 재입사 당시 걱정했던 낯선 동료들과 업무 환경에 대한 불안감은 사라졌고, 오히려 내 마음속에는 동료들의 따뜻한 손길과 마음이 자리 잡았다.

혼자 지내던 6년이라는 시간 동안, '함께'라는 단어에 담긴 의미와 그 깊은 가치를 잊고 있었던 것 같다. 어려운 순간마다 곁을 내어 준 동료들의 존재는 그것을 깨닫게 해주었다.

물론 모든 협업이 매끄러운 것은 아니다. 때로는 혼자 할 때 더 효율적인 일이 있고, 같이 하면서 오히려 갈등이 생기기도 한다.

그러나 한 가지 분명한 것은, 우리가 서로를 배려하고 각자의 역할을 존중하는 노력을 멈추지 않는다면 그 갈등은 결국 성장의 발판이 될 수 있다는 사실이다.

그렇게 우리는 오늘도 그 길을 함께 걷고 있다. 혼자일 때는 미처 발견하지 못했던 순간들이 동료들과 있을 때는 더욱 선명하게 다가온다.

오늘도 내가 가고 있는 이 길 위에, 서로를 이어주는 따뜻한 마음이 조금씩 자라나고 있다. 그 힘으로 내일을 기대하며 나는 계속 걸어갈 것이다.

박영목

햇살 한 문장

어떤 어려움 속에서도 함께하는 이들이 있다면 다시 용기를 내어 앞으로 나아갈 수 있다.

내 곁의 '남올 편'

살면서 참 잘했다고 생각하는 일이 하나 있다.

바로, 인생의 반려자로 지금의 남편을 선택한 것, 그리고 그와 가족이 되기로 마음먹은 일이다.

우리는 입사 동기다. 같은 해, 비슷한 연령대의 사람들이 입사했고 자연스레 많은 시간을 어울려 지냈다. 부서가 달라 함께 일할 기회는 많지 않았지만, 우리는 가까우면서도 편한 동료로 4년 남짓을 지냈다.

생각해 보면 함께 나눈 추억이 꽤 많다. 시간이 맞으면 노래방에서 몇 시간 동안 같이 노래를 불렀고, 매서운 겨울날엔 태백산의 새벽 능선을 함께 올랐다. 치악산 국립공원 입구에서 자판기 커피를 들고 서로의 고민을 나누던 날도 있었다.

연애 감정은 없었다. 다정하고 섬세하며 남의 마음을 잘 헤아릴 줄 아는 그는 좋은 동료였고, 나는 때때로 의지할 수 있는 친구 같은 존재로 그를 여겼다. 소개팅을 서로 주선해 줄 만큼 '이성'보다는 '친구'처럼 친하게 지냈던 시절이었다.

연인이 된 건, 내가 다른 지역으로 이직을 결심했을 무렵이다. 주변에서는 종종 말했다.

"아니, 김 선생님 참 괜찮잖아. 잘해보지, 그래."

꼭 그 말 때문은 아니었지만, 그즈음 우리는 '동료'라는 이름을 벗고 '연인'이 되었다.

그렇게 시작된 장거리 연애. 근무 요일이 달라 일요일에만 겨우 만났고, 그마저도 내가 주로 남편을 만나러 가야 했다. 짧은 연애였지만 사귄 지 얼마 지나지 않아 결혼 이야기가 자연스럽게 오갔다. 연애 7개월 만에 우리는 부부가 됐다. 지금 돌이켜 보면 꽤 빠른 결정이었지만, 지금까지 큰 갈등 없이 지내는 걸 보면 참 신기하다.

상견례부터 예식 준비, 신혼집 마련까지 대부분 우리의 손으로 해냈다. 빠듯한 예산 속에서 치른 결혼이었기에 돌이켜 보면 그 시절의 우리 둘은 꽤 기특했다.

결혼을 앞두고 시댁 식구들을 처음 뵈었던 날이 지금도 선명하다. 막냇동생의 짝을 궁금해하시던 가족들이 식당 안쪽에 둥글게 둘러앉아 계셨다. 내 눈앞에는 열 남매, 그리고 매형과 형수님까지 정말 영화의 한 장면처럼 대가족의 모습이 펼쳐졌다.

열 남매의 막내아들인 남편과 무남독녀인 나. 전국을 다 뒤져도 흔치 않은 조합이었을 것이다.

첫째 시누님은 친정엄마보다 한 살 위였고, 다른 분들과도 최소 여섯 살 이상 차이가 났다. 처음에는 매우 조심스러웠지만, 오히려 그 나이 차 덕분에 "잘한다", "고맙다"라는 격려를 자주 들었다. 다행히 나 역시 일곱 남매의 장남이셨던 아버지 밑에서 자라 대가족 분위기에 익숙했다.

그렇게 함께한 시간이 벌써 16년, 이제는 두 딸과 함께 네 식구가 되었다. 우리는 여전히 친구 같고 동료 같은 부부로 지내고 있다. 같은 일을 하다 보니 가치관이나 일상의 리듬도 닮아있다. 가끔 누군가는 묻는다. "부부가 같은 직장에서 일하면 불편하지 않냐"라고. 불편함이 없다면 거짓말이겠지만 서로에게 도움이 되는 일이 더 많다. 물론 평일 근무가 화요일부터 토요일까지라 주말에 아이들 돌봄이 어려운 점은 있었지만, 친정엄마의 도움과 아이들의 성장 덕분에 큰 어려움 없이 지낸다.

남편은 아이들 교육에 있어서 내 의견을 존중하고 믿고 맡긴다. 교육관 차이로 갈등이 잦다는 이야기를 들을 때면, 우리는 참 평화롭게 지내고 있구나 싶다. 남편은 가정적이고 '딸 바보'라 할 만큼 아이들에게 애정이 깊다. 학교생활과 친구 관계, 흥미나 적성까지도 늘 관심을 두고 살핀다. 집안일에도 능숙해서 냉장고, 옷장, 수납장 정리는 물론이고 베란다 청소는 항상 남편 몫이다. 요리에도 일가견이 있고, 인테리어 소품 고르는 안목도 뛰어나다. 어쩌면 나보다 더 주부다울지도 모르겠다.

가장 놀라운 건, 남편과 친정엄마의 '장단'이다. 두 사람의 성격과 취향이 많이 닮아, 농담처럼 말하곤 한다.

"아무래도 김 서방, 전생에 엄마 아들이었나 봐."

엄마도 사위를 친아들처럼 여기고, 남편은 장모님을 친어머니처럼 챙긴다. 맛집에 다녀오면 "다음엔 장모님 모시고 와야지." 하고, 퇴근길엔 친정에 들러 안부를 묻는다. 올해는 "장모님 쌈 채소 좋아하시잖아." 하며 회사 텃밭에 채소를 키운다. 그런 모습을 볼 때마다 마음 한편이 따뜻해진다.

사람들은 남편을 '남의 편'이라 한다. 하지만 내게 남편은 '남을 편하게 해주는 사람', 언제나 내 곁에 있을 '진짜 남을 편'이다.

그 사실을 깊이 깨달았던 순간이 있다.

친정아버지께서 급성 간염으로 갑작스레 돌아가셨을 때였다. 정신없는 나와 엄마를 대신해 장례 절차며 조문객 응대를 도맡아 챙겨주었다. 장례가 끝난 후 49재까지 정성껏 준비하는 남편의 모습에서 큰 위로를 받았다. 만약 그가 없었다면 그 시간을 온전히 견뎌내기 어려웠을 것이다.

무뚝뚝한 성격인 내가 말로는 자주 표현하지 못하지만, 글로 꼭 전하고 싶은 말이 있다.

"당신은 내게 그늘이 되어 주는 나무이고, 끊임없이 도전하고 성장할 수 있도록 지지해 주는 든든한 내 편이야. 앞으로도 잘 부탁해."

나는 안다. 우리가 부부의 인연으로 이어지는 한, 당신은 언제나 내 곁에 있을 '남을 편'이라는 것을.

박영옥

햇살 한 문장

함께 웃고, 함께 견디며 지켜주는 사람 하나만 있어도 인생은 충분히 행복하다.

엄마라는 텃밭

'이름만 불러도 마음이 놓이는 존재, 엄마'.

올해 칠순을 맞이하신 엄마는 내게 가장 친한 친구이자, 때론 언니 같은 사람이다. 6남매 중에서도 가장 신뢰와 사랑을 받았다는 엄마는 학창 시절 늘 반장을 도맡았고, 공부도 잘하는 학생이었다. 고등학교 졸업 후, 무역회사에서 일하는 전문직 여성이었다. 어릴 적, 사진첩을 뒤적이다가 엄마의 젊은 시절 사진을 본 기억이 있다. 남색 투피스에 진갈색 부츠를 신은 모습에서 남다른 패션 감각이 느껴졌고, 산악회 사진 속 중심에 서 있는 엄마의 리즈 시절은 정말 멋졌다.

한 번은 엄마에게 물었다.

"엄마는 어떤 일을 하고 싶었어요?"

"나는 간호사가 꿈이었어. 아픈 사람을 돕고 싶었거든."

뜻밖이었다. 항상 활달하고 자신감 넘치던 엄마였기에, 헌신의 삶을 꿈꿨다는 사실이 의외로 느껴졌다. 비록 간호사의 꿈을 이루지는 못했지만, 엄마는 삶 속에서 그 꿈을 실천해 오셨다.

엄마는 7남매의 맏이인 아빠와 결혼하면서 신혼 때부터 시동생을 거두었고, 취직도 도왔다.

내가 일곱 살 되던 해, 시부모님과 막내 시누이까지 함께 살게 되면서 본격적인 시집살이가 시작됐다. 21평 남짓한 좁은 공간에서 여러 식구를 챙겨야 했던 엄마는 매년 200포기 가까운 김장을 했다. 또 위장이 약한 시어머니를 위해 매끼 다른 반찬을 준비하셨다. 전업주부도 아닌 워킹맘의 신분으로 말이다. 아버지는 사업을 하셨기에 수입이 불안정했고, 엄마의 경제활동은 쉴 날이 없었다. 엄마의 하루는 회사일, 집안일, 외조, 자녀 양육까지 끝없이 이어졌고, 24시간도 부족해 보일 정도였다. 엄마는 자신의 몫을 조용히, 그러나 누구보다 단단하게 해내셨다.

1997년 IMF로 아버지 회사가 부도나며 우리 집은 큰 위기를 맞았다. 그때 엄마는 생계를 책임지며 실질적인 가장 역할을 하셨다. 돌이켜보면 얼마나 많은 순간이 버겁고 힘드셨을까. 그런데도 자식 앞에서는 내색 한번 없으셨다. 아빠의 실패를 원망하지도 않으셨다. 엄마는 본래 강한 사람이 아니라, 강해질 수밖에 없었던 사람이었다.

그렇게 어려운 시간 속에서도, 엄마는 나를 위한 애정과 관심을 잊지 않으셨다. 외동딸인 나에게 엄마는 다양한 경험을 선물해 주셨다. 덕분에 초등학생 시절 5년간 걸스카우트 활동을 하며 협동과 리더십을 배웠고 피아노와 플루트를 익혀 지금도 취미로 즐긴다.

엄마는 책을 좋아하셨고, 특히 시를 사랑하셨다. 엄마의 영향을 받아 나도 자연스레 책과 가까워졌고, 시를 읽고 쓰는 즐거움을 알게 됐다. 생신이나 어버이날에는 시를 지어드리거나 시집을 선물하곤 했다. 피아노 반주에 맞춰 찬송가를 부르던 시간도 내겐 소중한 기억이다.

내가 중학생 때 봉사부장을 했던 것도 아마, 엄마의 삶을 보고 자란 덕분이었을 거다.

동네에서 반찬 솜씨 좋기로 소문난 엄마는 멸치볶음 같은 반찬을 넉넉히 만들어 이웃들과 나누셨다. 한 번은 엄마가 친구들과 나누어 먹으라고 닭강정을 만들어주셔서 도시락으로 싸 간 적이 있다. 친구들이 한입 먹더니 감탄했다. "너희 엄마 정말 요리 잘하신다!" 그 말이 괜히 나를 뿌듯하게 만들었다.

경제적으로 어려운 시기에도 엄마는 매달 복지시설에 후원금을 보내셨다. "우리보다 더 어려운 사람이 있을 거야." 하시며, 늘 마음을 나누셨다. 엄마의 일상엔 자연스럽게 봉사와 헌신이 깃들어 있었고, 그 영향은 나에게도 고스란히 스며들었다.

대학 시절 4년 내내 학생회와 농촌 봉사활동을 하게 된 것도, 졸업 후 비영리단체 활동가로 살아가고 있는 지금의 삶도 결국은 엄마의 삶이 보여준 방향 때문이었다. 내 삶이 나무라면 그 뿌리는 분명 엄마일 것이다.

결혼 후에는 명절에나 겨우 뵐 수 있었던 엄마. 몇 해 전 아빠가 돌아가신 후 엄마는 우리 곁으로 오셨다. 처음엔 혹시 아빠의 빈자리가 우울로 다가오지 않을까 걱정했다. 하지만 엄마는 다시 일을 시작하셨고, 새로운 친구들과 어울리며 예전의 씩씩한 모습을 되찾으셨다.

지금도 주말이면 손주들 밥 챙기느라 바리바리 음식을 싸오시고, 딸 부부가 바쁜 날이면 살뜰히 끼니도 챙겨주신다.

"엄마, 이제 애들 다 컸으니, 주말에는 엄마의 시간을 보내세요."

"괜찮아, 엄마는 가족 밥 챙겨주는 일이 제일 좋아!"

가족들을 위해 살아온 40년 동안 헌신이 몸에 밴 것인지, 엄마의 주말은 여전히 분주하다.

20대엔 학업과 사회생활에 치여, 30대엔 육아와 가사에 파묻혀, 엄마를 돌아볼 틈이 없었다. 마흔이 넘어서야 비로소 엄마를 생각할 여유가 생겼다. 어쩌면 지금도 나는 여전히 엄마에게 기대고 있는지도 모르겠다. 그렇게 나는 엄마의 품에서 자라, 엄마의 삶을 닮아가며 여기까지 왔다.

이제는 나도 누군가의 엄마로, 아내로 살아가고 있지만, 그 삶의 중심에는 언제나 '엄마'라는 따뜻한 텃밭이 있다. 그곳에 뿌리내린 나는, 오늘도 흔들림 없이 살아가고 있다.

박영옥

햇살 한 문장

엄마라는 따뜻한 텃밭에 뿌리 내린 나는, 오늘도 흔들림 없이 살아간다.

음악이 말을 걸어온 순간

아홉 살 어느 봄날, 엄마 손에 이끌려 피아노 학원에 갔다. 활달했던 나는 태권도를 배우고 싶었지만, 엄마는 악기가 정서 발달에 더 도움이 될 거라며 피아노를 권하셨다. 결론적으로, 피아노를 배우길 참 잘한 선택이었다. 하지만 당시엔 태권도복을 입고 발차기하는 친구들이 부러워 미련이 남았었다.

학원은 집에서 도보로 15분 정도 거리에 있는 작은 곳이었다. 등록을 위해 학원에 처음 갔을 때, 나는 긴 생머리에 하늘거리는 원피스를 입은 선생님을 상상했다. 하지만 눈앞에 나타난 원장님은 엄마 또래의 평범한 모습이었다. 꾹 다문 입술, 뽀글뽀글한 긴 파마머리, 짙은 눈썹. 어린 나에게는 그 모습이 무섭게 느껴졌다.

첫 수업 날, 직사각형 학원 가방에 이론 책과 바이엘 악보, 필기도구를 챙겨 씩씩하게 학원으로 갔다. 삶은 달걀을 감싸듯 두 손을 둥글게 말고, 손끝으로 '도'와 '레'를 톡톡 두드리며 연주했던 '도레 도레 도레 도레 도'. 고작 한 페이지 연주였지만, 나는 그 순간, '와, 피아노가 이런 소리를 내는구나, 신기하다!'라고 느꼈다.

"와, 처음인데 잘하네."

선생님의 그 한마디는, 마치 마법처럼 나를 피아노의 세계로 이끌어주었다.

그날 이후 열다섯 살이 될 때까지 피아노를 꾸준히 배웠다. 전국 피아노 대회에 참가했고, 상도 여러 번 받으면서 자신감이 붙었다. 그렇게 '음악'이라는 친구가 내 곁에 자리 잡기 시작했다. 초등학교 4학년 겨울, 대회를 준비하느라 집에 피아노가 없던 나는 매일 추운 날씨에 학원을 오갔다. 그런 나를 안쓰럽게 여긴 엄마는 큰맘 먹고 피아노를 선물해 주셨다. 그 피아노는 이후로도 오랫동안 우리 집 거실 한 켠을 지켰다.

중학교 2학년 때인가 연주를 계속하다 보니 어느 순간 깨달았다. 피아노는 정말 즐거웠지만, 전공으로 삼기엔 재능이 부족하다는걸. 능력이 뛰어난 한 친구가 한 번 들은 곡을 바로 연주하는 걸 보며 '아, 전공은 저런 친구들이 하는 거구나.' 싶었다. 비록 피아노 배우기는 그만뒀지만, 음악에 관한 관심과 애정은 이어졌다.

그 무렵 중학교 특별활동으로 음악감상반에 들어가며 음악의 또 다른 즐거움을 알게 되었다. 시내 음악감상실에 가서 영화 음악이나 클래식을 듣고 감상문을 쓰는 활동이었는데, 직접 연주했던 작곡가의 곡을 감상하는 건 또 다른 즐거움이었다. 그 덕분에 재즈, 가곡, 뉴에이지 등 음악적 관심의 폭도 넓어졌다.

고등학생이 되어선 초등학생 때부터 배웠던 플루트를 연주하고 싶어 관현악부에 들어갔다. 점심시간마다 도시락을 10분 만에 먹고 음악실에 모여 친구들과 연습했다. 축제 첫 무대에 섰을 때의 두근거림, 주말마다 동아리 친구들과 어울려 연습하고 놀던 기억은 동아리 활동의 또 다른 즐거움이었다.

고등학교 2학년 야간자율학습 시간에 미니 연주회가 열렸다.

"우리 반에 관현악부에서 활동하는 친구들 있지? 야간자율학습 전에 친구들 마음을 다독이는 연주 한 곡씩 부탁할게."

담임 선생님의 제안이었다. 무대 위에서 합주는 해 봤지만, 이런 식의 연주는 처음이었다. 긴장한 탓에 입술이 떨려 플루트 음이 틀리기도 했지만, 친구들의 따뜻한 박수는 내게 큰 용기를 주었다.

필리핀으로 해외 선교 활동을 하러 갔을 때도 플루트는 좋은 매개체가 되었다. "전도 활동할 때 플루트 연주를 같이하면 어떨까?" 제안을 받고 밤잠을 설치기도 했지만, 대학교 광장에서 찬송가를 연주하자 지나가던 학생들이 발걸음을 멈추고 조용히 귀 기울여 주었다. 비록 아마추어였지만, 음악이 사람의 마음을 움직일 수 있다는 걸 그때 실감했다. 오히려 연주하는 내가 위로받았던 시간이었다.

결혼 후, 친정집에 있던 피아노를 우리 집으로 옮겨 왔다. 성장 과정에서 음악이 주었던 즐거운 기억을 우리 아이들과 나누고 싶었다. 큰아이가 초등학교에 입학하자 피아노 학원에 보내면서 자연스럽게 음악을 접할 수 있도록 도왔다. 지금은 자유롭게 연주하며 취미로 즐긴다. 중학생이 된 후에는 밴드부에 들어가 건반을 맡고, 어쿠스틱 기타와 전자 기타도 독학으로 익히고 있다. 둘째는 피아노보다는 음악을 몸으로 표현하는 걸 더 좋아해 댄스를 배우며 음악을 즐기고 있다.

작년에 집을 리모델링 하면서 30년 넘게 함께한 피아노와 이별하게 되었다. 오랜 친구와 헤어지는 것 같아 마음 한쪽이 허전했다. 대신 전자피아노를 한 대 집에 들여놓고 아이들의 연주를 듣거나 가끔은 나도 건반을 두드리며 추억에 빠진다.

돌이켜보면, 아홉 살 때 엄마 손에 이끌려 간 피아노 학원은 내 인생의 큰 위로였다. 음악은 내 성장 과정에서 늘 함께해 주었고, 지금은 가족을 잇는 좋은 매개체가 되고 있다. 혼자 근무할 때나 집안일을 할 때, 잠들기 전까지도 늘 나와 함께한다.

음악은 내게 주어진 가장 따뜻한 선물이다. 일상 속 작은 쉼표가 되어 주었고, 가족을 하나로 이어주는 다리가 되었으며, 앞으로도 내 삶의 중심에서 조용히 흐를 것이다.

박영옥

햇살 한 문장

음악은 내게 주어진 가장 따뜻한 선물이다. 앞으로도 내 삶의 중심에서 조용히 흐를 것이다.

나는 내 삶을 살았는가?

우리 모두 각자의 삶 속에는 자신만의 삶의 십자가가 있다. 십자가란 각 개인이 삶에서 겪는 고유한 어려움(이상과 현실의 차이)과 책임을 말한다.

출생부터 고등학교 졸업까지

내 나이 쉰둘 나는 26년 차 직장인이자 20년 차 아내, 엄마, 며느리이다. 이 한 문장으로 '나'라는 사람의 정체성이 요약된다.

지금까지 살아온 시간 속에서, '나' 자신이 중심이 된 삶보다는 관계 속에서 살아온 시간이 훨씬 많았다. 착한 딸, 착한 아내, 착한 며느리, 좋은 엄마, 좋은 동생, 좋은 사람이라는 틀 안에 스스로를 가두며 살아온 세월이 대부분이었다.

나는 1남 5녀 중 막내딸로 태어났다. 어린 시절의 나는, 지금 기준으로 보면 정서적 학대와 방임 속에서 자란 셈이었다. 아버지는 가정을 중시하는 사람이 아니었다.

엄마는 가난한 집의 딸로 태어나, 아빠와 결혼하면 여유 있는 생활을 할 거라 믿고 16살에 19살 남자에게 시집을 왔다. 하지만 얼마 지나지 않아 속았다는 생각이 들었다고 한다. 그럼에도 다시 친정으로 돌아갈 수 없었고 13명 대식구를 위해 밥과 빨래를 했다고 한다. 그 당시엔 세탁기도 밥솥도 청소기도 없던 시절이었다. 중학교 3학년의 나이에 어떻게 그런 생활을 할 수 있었을까? 요즘 사람들의 사고방식으로는 도저히 이해할 수 없는 일이었다.

열여섯 살이면 부모의 사랑을 받으며 공부할 나이인데 엄마는 13명 대식구의 삼시세끼 밥을 하고 집안 곳곳을 청소하고 개울가에 가서 그 많은 빨래를 했다고 한다.

엄마는 여섯 아이를 낳았다. 지금 살아있는 형제는 나와 언니 둘뿐이었다.

아빠는 엄마에게 나쁜 남편이었다. 월급을 집에 가져오는 달보다 안 가져오는 달이 더 많았고 번 돈 대부분은 술과 노름으로 써 버렸다. 엄마는 그런 남편과 살면서 아버지 대신 집안 생계를 책임져야 했다. 막노동도 하고, 돼지도 키우고, 남의 집안일도 했다.

언니들과 나이 차이가 많이 나서, 어린 시절 대부분의 시간을 혼자 보냈다. 놀이터에서 놀다가 다른 친구들이 부모님 손을 잡고 집으로 돌아가면, 혼자 놀이터에 남았다가 깜깜해졌을 때야 집으로 돌아오곤 했다.
 난 그땐 모두가 나처럼 외롭게 사는 줄 알았다. 유치원을 다닌 적도 없고 부모님과 고등학교 졸업할때까지 놀러 가 본 적도 없고, 가족 사진을 찍어 본적도 없다. 새 옷, 새 장난감, 새 신발, 새 가방 이런 것을 선물 받아 본적도 없다.

나보다 일곱 살 많은 오빠는 엄마에게 있어 애인이자 남편이였다. 물론 어렸을 때는 오빠가 엄마에게 어떤 의미인지 몰랐다. 지나고 나서야, 나는 알게 되었다. 오빠는 엄마에게 사랑을 많이 받았고, 엄마에게 무엇이든 당당하게 요구했다. 반면 나는 부모님에게 어떤 것도 요구하지 않는 딸로 자랐다. 힘든 엄마에게 그렇게 거리낌 없이 무언가를 요구하는 오빠가 미웠다. 나는 나에게 함부로 하고 자기 멋대로 구는 오빠가 밉고 싫었다. 오빠는 고등학교를 집에서 멀리 떨어진 곳에서 다녔고, 방학때만 집에 왔었다. 오빠가 고2였던 여름방학, 나를 몹시 괴롭혔다.

  엄마는 가족의 생계를 책임지기에 바빴고, 아빠는 술과 노름에 몰두했다. 나를 괴롭히는 오빠가 너무나 미워서 "오빠, 자꾸 왜 날 힘들게 해? 날 그만 괴롭혀. 오빠, 미워"라고 말했다. 하지만 오빠는 멈추지 않았다. 너무 화가 나서, 결국 입 밖으로는 내선 안 될 말을 뱉고 말았다. "그만 해. 오빠 그럴 거면 나가 죽어."라고 홧김에 내뱉고 말았다.

  그런데 다음날, 오빠는 친구들과 물놀이를 갔다가 정말 죽었다. 그때가 내 나이 열두 살이었다. 오빠는 그렇게 죽었다. 아빠는 노름으로 집을 날려 버렸고, 엄마는 갑자기 불어닥친 충격으로 정신을 놓아 버렸다. 엄마는 병원에 입원했고, 나는 작은 아버지 댁에 맡겨졌다. 내 의사와 상관없이, 고등학교 2학년 여름 방학까지 그곳에서 살았다. 초등학교 5학년부터 고등학교 2학년까지, 그 시절엔 즐거운 기억이 하나도 없다.

고등학교 2학년 여름방학부터 결혼 전까지

고등학교 2학년 여름방학부터 결혼 전까지 작은 언니 집에 살았다. 초등학교 5학년부터 고등학교 2학년 여름방학까지는 작은 아버지, 작은 어머니 댁에서 눈칫밥을, 그 이후부터는 작은 형부의 눈치를 보며 지냈다.

엄마는 내게 여러 번 이렇게 말했다. "연희야, 네 인생은 네가 알아서 살아야 해."

어릴 적부터 결혼할 때까지, 부모님의 사랑을 받아본 기억도, 형제간의 정을 느껴본 시간도 없었다. 나는 그저 알아서 컸고, 주어진 환경에서 어떻게든 살아남기 위해 애썼다. 취업이 확실히 보장되는 간호학과에 진학했고, 3차 종합병원에서 간호사로 일하다가 공무원이 되었다.

투병 생활과 엄마의 죽음

2004년 3월, 서른한 살의 나이에 동갑내기 남자와 결혼했다. 유년 시절과 청소년기를 힘겹게 보내온 나는, 아이를 낳을 마음이 전혀 없었다. 하지만 7년 연애 끝에 결혼한 남편은, 결혼 후 6개월이 지나면서 아이를 간절히 원했고, 임신을 재촉했다.

결혼한 지 1년이 조금 지난 뒤, 첫 임신을 했다. 임신 3개월쯤 되었을 무렵, 직장에서 개인이 감당할 수 없는 일이 터졌다. 문제가 제대로 수습되지 않는 상황 속에서, 일주일 만에 체중이 17kg이 빠져, 결국 삼성의료원에 3개월 정도 입원 치료를 받았다.

퇴원 후 직장으로 복귀했고, 첫 아이를 힘겹게 자연분만으로 나았다. 다음 해 둘째를, 4년 뒤 셋째를 출산했다. 그러던 중, 몸의 이상 신호가 찾아왔다. 깨질듯한 두통으로 찾은 3차 의료기관에서, 나는 '지주막하 물혹' 진단을 받았다. 위험하여 수술은 어렵고 약물치료를 권유받았다. 다행히 6개월 만에 증상은 다 사라졌다.

3년 정도 무증상으로 살다가, 어느 날 극심한 두통, 안압 상승, 어지럼증이 나타났다. 입원해 검사받은 결과, 희귀난치성 질환을 진단받았다. 도저히 받아들일 수가 없었다. 병명을 정확히 다룰 수 있는 의사를 찾기 위해 10여 개 병원을 전전하며 재진료를 받았다.

그러다 서울대병원에서 최종적으로 같은 병명을 다시 진단 받았다. 그곳에서 나는 충격적인 말을 들었다. "진행성이면 당신은 3년 안에 죽을 수도 있습니다." 그 후, 몸 상태는 급속하게 나빠졌고, 결국 휴직계를 내게 되었다. 치료 방법을 찾아 양방, 한방 다 가 봤지만, 특별한 치료법은 없었다.

의료대체 방법으로 어느 정도 몸을 회복한 뒤, 다시 직장에 복귀할 수 있었다. 하지만 그 치료 효과는 오래가지 못했다. 약사인 조카의 권유로, 기능 의학을 전문으로 하는 의사를 통해 꾸준히 치료받았다. 희귀난치성 질환 외에도 여러 가지의 진단명이 추가로 내려졌다. 치료비도 참 많이 들었다.

2024년 1월, 나는 새로운 부서로 발령이 났다. 15년 동안 이어진 불면증, 희귀난치성 질환, 그리고 이 두 가지로부터 파생된 다른 질병들. 의사들이 나에게 부여한 진단명은 셀 수 없이 많았다. 난 내 몸이 확실히 어딘가에 문제가 생겼음을 알았다. 침대에서 일어나는 일조차 너무 힘들었다. 힘겹게 하루하루 버티다가, 혈액암으로 투병 중인 엄마를 간병한다는 사유로 휴직계를 제출했다.

휴직계를 낸 후, 침대와 한 몸이 되어 살았다. 아무리 맛있는 음식도 먹기 힘들었고, 먹고 싶다는 생각조차 사라졌다. 눈을 뜨는 것도, 잠을 자는 것도, 먹는 것도, 어느 것 하나도 마음대로 할 수가 없었다. 병원에서 여러 가지 검사를 받았다. 부신 피로와 저산증을 진단받고 본격적인 치료를 시작했다. 삶에 대한 의지도 없고 살고 싶지도 않았다.

친정엄마와 시어머니는 포기하지 않으셨다. 서로 역할을 나눠, 친정엄마는 음식을 먹여 보려고 하루 세 번 나와 싸웠다. 시어머니는 조용히 오셔서 집안을 치우고 세 아이를 보살펴 주셨다. 부신 피로를 치료받기 위해 시작하면서 조금씩 힘이 생겼다.

어느 날, 걷다가 왼쪽 무릎에 이상 감각을 느꼈고, 병원에서 왼쪽 무릎 전방십자인대 파열이라는 진단을 받았다. 수술을 받았고 이후 목발을 사용해서 일상생활을 이어갔다. 현재 재활 치료를 계속 받고 있다.

엄마의 병원 진료를 위해 서울아산병원 혈액 종양 내과에 갔다. 엄마는 20일 동안 물 이외에 거의 아무것도 드시지 못했다고 했다. 담당 과장님은 이제 어떤 치료도, 어떤 검사도 아무 의미가 없다고 했다. 한 달을 넘기기 힘들다며 가족 모두에게 이 사실을 알리고 마음의 준비를 하라고 했다. 엄마는 그 말을 담담히 받아들이셨다.

서울에 사는 외삼촌 댁에 들러 엄마는 외숙모가 해 준 밥을 아주 맛있게 드셨고 하룻밤을 주무신 뒤, 삼촌과 함께 집으로 내려오셨다. 내려오는 길에, 삼촌과 엄마는 도란도란 이야기를 나누셨고, 엄마는 동백 아가씨, 찔레꽃 등 여러 노래를 부르시기도 했다.

엄마는 집에 와서 바로 침대에 누우셨고, 그 이후로는 일어나지 못한 채 침대에서 지내셨다. 식사도 거의 못 드셨다. 그렇게 열흘쯤 집에 계시다가 열이 나고 숨 쉬는 게 힘들어져 요양병원으로 옮겼다. 그리고 일주일 만에 돌아가셨다. 내 삶의 이유였던 엄마를 더 이상 볼 수 없다는 사실을 도저히 믿을 수가 없었다.

나의 출생부터 엄마가 돌아가신 쉰한살까지 나는 누구를 위해 살았던 것일까? 축복받지 못한 신생아의 기억이 무의식 속에서 유기 불안으로 남아 내 삶을 지배했음을 알지 못했다.

내 삶에 나는 없었고 타인만 있었다. 나는 인정받고 사랑받고 싶었다.

우연희

햇살 한 문장

죽음이 있기에 삶은 빛난다.

고아가 되었다

그림자와 대면하지 않는 한,
그것은 당신의 삶을 지배하며
당신은 그것을 운명이라 부를 것이다. _칼융

우리 모두의 삶 속에는 그림자가 있다.
나의 무의식 속에 자리 잡은 그림자는 나의 삶을 지배하고 있었다.

나는 나의 그림자와 대면했고 그림자가 차지하는 나의 삶의 영역은 줄어들었다. 우린 각자의 삶의 그림자와 대면하는 시간을 반드시 가져야 한다.

엄마의 의미

엄마가 돌아가신 뒤, 나는 엄마를 따라가고 싶다는 생각에 강력하게 사로잡혔다.

2015년 희소 난치병을 진단받았고, 치료 방법이 없다는 설명을 들었다. 몸 상태는 시시각각 예측할 수 없게 변하는 날이 많았고, 삶의 질은 처참할 정도로 낮아졌다.

그러나 자식 셋을 본인보다 먼저 떠나보낸 엄마에게 슬픔을 안겨 드리고 싶지 않아서 내 상태를 최대한 숨겼다. 내 몸을 마루타로 여기며 이 치료 저 치료 받아보기도 했다. 엄마가 돌아가시고 나서야, 엄마가 내 삶에서 얼마나 큰 의미였는지를 뼈저리게 깨달았다.

아들이 아니라는 이유로, 나는 태어나자마자 차가운 윗목에 3일간 방치되었다.

죽지 않자 4일째가 되어서야 젖을 물린 엄마, 초중고 기간 엄마에게 "사랑한다."는 말이나 따뜻한 눈빛을 받아 본 기억이 없다. 엄마와 손을 잡고 맛있는 것을 먹으러 간 기억도 없다. 아빠와 단 5분이라도 따뜻한 시간을 가져 본 적도 없다. 가족사진을 찍은 적도, 입학 사진이나 졸업사진도 찍어 본 적이 없다. 내 기억에는 부모와의 행복했던 시간이 단 하나도 존재하지 않는다.

지금 생각해 보면 난 어려서부터 엄마가 날 버릴까 봐 무의식적으로 두려워하며 살았던 것 같다. 아빠의 술에 취한 모습을 많이 보고 자랐다. 한 참 예민한 사춘기 시절 나는 왜 이런 집에서 태어났을까 하는 생각과 죽고 싶다는 생각을 많이 했다. 어설픈 자살 시도도 했다.

엄마는 내가 결혼한 뒤, 나에게 미안하다고 고백하셨다. 그 후 여러 방식으로 자식에 대한 사랑을 표현하셨다. 아이를 낳아 키우면서, 엄마를 '엄마가 아닌' 여자로 보기 시작했다.

엄마가 살아온 시간은 순탄하지 않았고, 내가 엄마였다면 결코 엄마처럼 할 수 없었을 거라는 사실을 알게 되었다. 엄마는 내 삶의 안식처이자 정신적 지주였고, 언제나 나를 지켜 주는 울타리였다. 엄마가 돌아가신 뒤, 나는 엄마를 더욱 깊이 존경하고 사랑하게 되었다.

큰딸은 외할머니가 세상을 떠난 후, 엄마인 내가 흔들리고 있다는 걸 직감적으로 알아챈 듯했다. 어느 날, 딸이 갑자기 말했다. "엄마, 할머니 따라 가면 안 돼. 우릴 두고 죽으면 안 돼." 딸의 눈에도 내가 위태롭게 보였던 모양이다. 그 한마디에 정신이 번쩍 들었다.

앞으로 내가 살아가야 할 방향

엄마의 유언을 생각해 봤다.

"연희야! 엄마가 죽으면 넌 엄마 따라오면 안 돼. 네가 몸이 아프고 힘드니깐 자꾸 무너지고 살고 싶지 않은 생각이 드는 건 당연한 거야. 하지만 넌 세 아이의 엄마라는 사실을 한순간도 잊으면 안 돼. 아이들은 태어나고 싶어서 태어난 게 아니잖아. 넌 엄마의 역할에 충실하게 살아야 해. 원망 버리고 아픈 거 받아들이자. 그리고 지금 다니는 직장이 너무 힘들면 네가 할 수 있는 일을 다시 찾아. 어떤 경우에도 스스로 죽음을 선택하지는 마. 물가에 내놓은 아이 같아. 이 서방 보내고 아이들 키우고 엄마에게 오는 건 엄마가 뭐라고 안 하는데, 그전에는 엄마에게 절대 오지 마. 엄마와 약속하자. 엄마랑 한 약속 어떤 경우에도 잊지 말고 꼭 지켜줘. '아프다'라는 사실에 집중하지 말고 너 자신에게, 이 서방과 세 아이에게 집중하며 하루하루 행복하게 살다가 와. 지나간 과거와 다가오지도 않은 내일을 신경 쓰지 말고 오늘을 살다가 와." 엄마는 아픈 중에도 자식들 걱정을 하며 여러 차례 남은 식구들에 대한 당부를 하셨다.

엄마가 돌아가신 뒤, 깊은 슬픔에 잠겨 지냈지만, 49재를 기점으로 정신을 차리고 살고 있다. 장례식을 치르고 엄마의 집은 리모델링을 했고 바로 월세로 내놓았다. 올해 칠순인 큰언니와 예순여섯인 작은 언니에게 매달 월세 받은 돈을 나눠주라고 한 엄마의 유언을 지키고 있다.

우리 가족은 시어머니, 남편, 세 아이가 있다. 작년에 고3이었던 딸은 대학에 가지 않겠다고 선포했다. 고3 딸과 중2 아들은 아직 사춘기라는 시간 속에 머물러 있다. 아이가 부모의 소유물도, 장식품도 아님을 이론적으로는 안다. 그러나 현실에서는 세 아이에게 내 생각을 전달하고, 관철하기 위해 말과 행동으로 압박해 온 것이 사실이다. 이제야 알게 되었다. 나는 얼마나 오만하고 무례한 사람이었는지를. 나 자신도 내 뜻대로 할 수가 없는데, 어떻게 남을 내 뜻대로 하려 했는지,

그걸 말과 행동으로 드러내며 살아왔다는 것이 얼마나 어리석었는지 깨달았다. 이제 나는 더 이상 세 아이와 남편에게 내 생각을 말과 행동으로 강요하지 않으려 한다. 지켜야 할 선을 넘지 않은 이상, 그들의 선택과 생각을 존중하려 한다.

나에게 '건강'은 불안 요소이며, 늘 가변적인 변수이다. 하지만 가족을 부양하기 위해서 경제활동을 해야 한다는 사실은 고정 변수이자 내 삶의 기본값이다. 때로는 가족이 무거운 짐처럼 느껴질 때도 있지만, 대부분 경우 삶을 지탱하는 힘이 되어 준다.

나의 육체적 고통은 나만의 것이다. 그것을 가족이 알아주지 않는다고 해서 화를 내거나 슬퍼하지 않을 것이다. 병원 치료비 및 장례비 또한 스스로 마련할 것이며, 각자의 삶을 잘 살아가도록 돕는 조력자가 되고 싶다.

받은 복을 세워 보자

나이 쉰둘이 되고 보니, 어느 날 갑자기 내가 참 많은 복을 받으며 살아왔다는 사실을 깨닫게 되었다.

남편과 아빠로서 부족한 남자와 가정을 꾸린 엄마는 자녀

6명을 낳고 3명을 먼저 보냈다. 하지만 남은 자식을 다 키워 시집 보냈다. 아빠의 13년 동안의 긴 병수발을 엄마 혼자 온전히 감당했다. 손자 손녀를 사랑으로 키워 줬다. 아빠의 산업재해로 받은 보상금을 자식들에게 균등히 분배했다.

아버지가 집을 날린 후, 엄마는 오빠가 죽은 충격으로 병원에 입원해 있는 기간 초등학교 5학년부터 고등학교 2학년 여름방학까지 작은 아빠와 작은 엄마가 키워 줬다. 사촌 언니와 사촌 동생이 있어 7년이라는 시간을 버틸 수 있었다. 고2 여름방학부터 결혼 전까지 작은 형부, 작은 언니 가족과 함께 살았다.

하루아침에 정상인에서 1급 장애인이 된 형부와 3명의 조카, 엄마, 다친 남편을 대신하여 갑자기 가장이 된 언니네 가정에서 13년을 살았다. 그때는 참 힘들었다. 작은 언니는 자신의 가정에도, 친정 식구에게도 가장이 되었다. 24살 언니는 무슨 정신력으로 그 어려운 상황을 뚫고 나갈 수 있었을까? 24살 평범한 여성은 자기 한 몸 책임지기도 벅찬데 24살의 언니에게는 책임져야 할 식구가 7명이나 있었다.

술과 화투를 좋아한 아빠가 싫어서 나는 술을 안 먹는 남자와 결혼했다. 결혼 후 7년 차 때부터 몸이 아프기 시작했다. 12년 차 때 희귀난치성 질환을 진단받고 본격적인 투병 생활을 시작해서 아직도 투병 중이다. 투병 생활을 시작한 지 16년 차이다. 이혼하고 싶다고 여러 차례 이야기했다. 이혼하지 않고 살면서 세 아이를 키울 수 있게 해준 고마운 남편, 아픈 아내에게 정년까지 일해야 한다고 여러 번 이야기하는 남편이 밉기도 했다. 지금 생각해 보면 집에만 있으면 더 몸이 아프고 가라앉을 것을 염려해서 그런 게 아닐까 하는 생각이 든다.

시어머니와 세 아이. 내가 부양해야 하는 가족이지만 나를 돕고 지지해 준다. 시어머니와 친정어머니 두 분의 도움으로 직장도 다니고 세 아이도 키웠다. 희귀난치성 질환을 진단받고 투병 생활하며 직장 생활도 하고 아이도 키우는 친구가 있다. 아픈 사람이 아픈 사람의 마음을 안다고 몸이 너무 힘든 날이면 전화로 서로를 위로 해 줄 수 있는 친구가 있어서 든든했다.

희귀난치성 질환을 진단받고 극심한 통증에 시달릴 때 1년 동안 매주 1시간씩 나의 이야기에 귀 기울여 주고 위로와 함께 하나님의 사랑을 알게 해 준 교회 사모님이 있었다. 덕분에 생을 마감하지 않고 살 수 있었다. 직장 생활하는 데 도움을 준 도움을 준 직장 동료들, 교회 셀 모임 식구들, 세 아이를 키우는 데 많은 도움을 준 큰 조카, 큰 조카 신랑, 병의 증상으로 무기력해진 몸을 회복하는 데 도움을 준 트레이너 선생님, 병을 진단하고 증상을 조절해 주는 의사 선생님, 약사 조카, 한의사 조카, 간호사 조카 그 외에도 많은 사람들의 도움을 받으며 현재 살고 있다.

아픈 시간이 있었기에 알베르트 슈바이처의 "인생은 나 혼자 만드는 것이 아니다. 나를 둘러싼 모든 사람이 나의 일부다." 이 말에 100% 공감하게 되었다. 나의 하루가 얼마나 많은 사람들의 도움으로 이뤄진 시간임을 알게 된 요즈음 내 주위의 모든 사람이 귀하고 소중해졌다.

우연희

햇살 한 문장

우리는 서로의 삶에 작은 불빛이 되어줄 수 있다.

_헨리 나우웬

건강하게 홀로 서자

자기 십자가는 자기가 져야 하는 것이다. 피한다고 사라지는 것은 아니다. 내 삶의 그림자 역시 내 삶의 일부이다. 수용하고 인정하고 짊어지고 앞으로 나아가자.

삶의 중심 무게를 나에게로

○ 내가 가진 것을 다시 긍정의 눈으로 바라보자.
○ 힘든 순간일수록 나 자신에게 집중하자.
○ 나는 나 자신을 위해 최선을 다하는 사람임을 기억하자.

○ 나의 행복함은 내가 매일 표현하는 감사함에서 자라난다.

• 내 삶의 주인공은 바로 나다. 내 삶에 남이 아닌 나를 중심으로 두자. 남은 내가 생각하는 만큼 나에게 신경 쓰지 않는다.

• 실력이 부족함을 인정한다. 실력을 키우기 위해 배움의 자세로 오늘을 살자.

• 지난 15년 동안 병과의 싸움에서 난 처절하고 힘든 시간을 보냈고 살아 남았다. 나는 생존자다. 난 여러 면에서 약하지만 포기하진 않는다. 난 나름의 생명력이 있다. 지금도 여러 가지 병과 싸우고 있고 직장도 다니고 세 아이도 키우고 있다

• 타인에게 인정받고 사랑받고 싶다. 하지만 그런 욕구에 사로잡혀 나 자신을 더 이상 괴롭히거나 힘들게 하지 않는다. 직장에서 내가 하고 싶은 일을 하지 않아도 좋다. 내가 해야 할 일에 만족하며, 스스로 할 수 있다면 좋고, 스스로 할 수 없다면 물어보고 하면 된다.

• 내 인생은 내가 살아가는 것이고 내가 책임지는 것이다. 누구의 잘못으로 지금 내가 아픈 것도 아니고 지금의 현실이

만들어진 것이 아니다. 내 인생이 내 계획대로 안 되는 것은 충분히 있을 수 있는 일이다. 누구를 원망하거나 화낼 일이 아니다. 현재의 나를 오롯이 받아들이고 인정하자.

• 과거에 연연해하지 않고 다가오지 않은 미래에 불안해하지 않는다. 그냥 나에게 주어진 기회의 시간 오늘을 충실히 살자.

• 내 주변에는 나를 도와주는 사람들이 있다. 도움을 요청하는 일에 쓸데없는 자존심을 내세워 속앓이하지 말자. 모르면 힘들면 도움을 요청하자.

삶의 방향을 재정비하자

• 나는 나를 사랑하는가? 나는 나를 잘 돌보며 살아가는가? 나는 나를 책임지고 있는가? 이 질문 앞에 난 자신 있게 YES라고 답을 할 수가 없었다.

어떻게 나는 나를 사랑하고 잘 돌보고 책임질 수 있을까? 엄마가 돌아가시고 나서 오랫동안 생각해 봤다. 내 삶 곳곳에 있는 처리되지 않은 상처받은 감정을 인정할 필요성을 느꼈다. 치유되지 않은 감정과 만나고 인정하며 흘려보내는 시간을 가지자.

- 나의 내면에 미운 사람, 고마운 사람에 대한 정리를 해 본 적이 있는가? 미운 사람을 찾고 미운 사람에 대한 미움을 흘려보내자. 고마운 사람에 대한 기억을 회복하고 고마운 마음을 표현 해 보자.
- 나에게 가족은 뭘까? 가족은 함께 성장하고 발전하는 공동체이다. 세 아이가 자기의 길을 잘 찾아갈 수 있도록 응원하고 도와주자. 나의 길을 잘 찾아가도록 나 스스로 나를 도와주자.
- 인간은 생로병사의 과정을 거친다. 현대사회는 생로병사의 과정 중에서도 병의 기간이 지나치게 길다. 병원에서 연명치료를 받고 싶지 않다. 내 삶을 살아가는 데 큰 어려움을 겪는 시기가 온다면 가족들과 사전 장례식을 치르고 단식 존엄사로 생을 마감하자.
- 길어진 인간 수명에 따라 중년의 연령대가 40세~65세에서 40세~70세 또는 40~75세로 보기도 한다. 나는 주관적으로 몇 살까지를 중년으로 간주하며 살 것인가? 나는 향후에 경로당으로 출퇴근하고 싶지 않다. 난 내 삶의 주인공으로 끝까지 살고 싶다.

- 나에게 가장 소중한 사람은 바로 나 자신이다.

　나 자신에게 무엇을 하기 전에 물어보며 나 자신을 행복하게 하는 삶을 살고 싶다. 나의 배우자인 남편을 인정하고 존중하며 살다가 그와 비슷한 시기에 가자.

- 내가 낳은 세 아이의 삶에 개입하는 것을 최소화한다. 각자가 자신의 삶을 선택하고 그 책임은 선택한 자신에게 있음을 알게 하자.

- 인생의 희로애락을 남에게서 찾지 않고 나에게서 찾는다. 절대자인 신을 믿으며 선한 영향력을 단 한명에게라도 끼치면서 살자.

- 외부와의 소통보다는 나 자신과의 내면소통에 힘쓰자. 김주환 교수의 긍정적 내면소통은 마음의 근력을 키우는 방법이다. 긍정적 내면소통을 위한 6가지 핵심 요소는 다음과 같다.

　　* 용서 : 과거의 집착을 내려놓고 자신과 타인을 용서하는 것.

　　* 연민 : 자신의 아픔을 이해하고 따뜻하게 받아들이는 것.

　　* 사랑 : 조건 없이 상대방의 행복을 바라는 마음.

* 수용 : 현실을 있는 그대로 받아들이고 저항하지 않는 태도.
* 감사 : 자신과 타인에게 감사하는 마음을 가지는 것.
* 존중 : 자신과 타인을 존중하는 태도

『김주환의 내면소통』

- 조건에서 오는 행복보다는 존재에서 오는 행복을 추구하자.
- 모든 사람은 나에게 가르침을 주는 존재임을 기억하자.
- 무슨 상황에서도 행복과 불행은 남이 아닌 내가 결정함을 알자.
- 과거의 시간은 지나갔다. 미래의 시간은 오지 않았다. 나는 오늘의 시간 속에 살고 있다. 나는 나의 하루를 계획하고 계획한 대로 살아낼 능력이 있다.

진정한 나를 바라보자

• 누구에게 인정받으면 좋다. 하지만 꼭 인정받아야 하는 것은 아니다. 현재의 나는 나의 삶을 살아가는 중이다. 나는 누구보다도 나에게 관심이 많고 나를 엄마처럼 보살펴 가며 살아가고 있다. 능력이 모자라도 몸이 아파도 난 내가 좋다. 언젠가는 자연의 일부로 돌아갈 날은 온다. 그날이 올 때까지 나에게 나에 관해 물어가며 내가 좋아하는 일을 하자. 행복을 주는 여러 활동을 하며 하루하루 순간순간 작은 만족감을 느끼자.

• 타인에게서 인정받고 싶은 마음을 내려놓으니 삶의 무게가 확 줄어 들었다. 그냥 나를 인식하고 행복하게 하며 살아가는 소소한 나의 일상을 즐기며 살아가자.

• 나의 손을 잡고 함께 가는 남편, 나의 삶을 인도해 주는 절대자인 신 하나님을 믿고 그분의 인도하심을 따라 하루하루 행복감을 느끼며 살아가자.

나는 나태주 시인의 행복이란 시를 좋아한다.

나태주 시인의 행복

저녁때 돌아갈 집이 있다는 것
힘들 때 마음속으로 생각할 사람이 있다는 것
외로울 때 혼자서 부를 노래가 있다는 것

나는 매일매일 저녁때 돌아갈 집이 있고, 힘들 때 마음속으로 떠올릴 사람이 있으며, 외로울 때 혼자서 부를 노래가 있어 행복하다. 큰 것을 바라지 않는다. 오늘이라는 시간 속에서 살아 있는 나 자신을 느끼며 살아가는 것에 만족한다. 먹을 수 있고, 잠을 잘 수 있고, 걸을 수 있다는 사실만으로도 행복하다.

2024년, 탈진과 부신 피로로 인해 기초적인 일상마저 무너졌던 때가 있었다.

그러나 그동안에 겪었던 많은 육체의 고통이 있었기에, 지금 누리는 소소한 일상의 행복이 그 무엇보다 소중하다. 나의 삶에 크고 작은 햇살이 되어준 많은 사람 덕분에 오늘의 내가 있다는 사실을 잊지 않으려 한다.

지나온 힘든 시간에 감사한다.

넘어진 나를 일으켜 세워 준 많은 사람에게 감사한다.

지금의 나를 있게 해 준 분들의 건강과 행복을 기원한다.

감사합니다.

우연희

햇살 한 문장

삶은 자신을 찾고 만들어 가는 여정이다.

기적

지금까지 살아온 시간
기적이 아닌 순간은 단 한 번도 없었습니다

착한 당신을 만나
분에 넘치는 사랑을 받았고

그 은혜로
선한 삶을 살아갈 수 있었습니다

부족함은
서로를 의지하며
함께 걷는 길을 알게 해 주었고

양심으로 마음을 나누는
우리가 되게 했지요

고운 눈을 바라보며
부끄러움에 고개 숙이고

성난 마음을

선함으로 잠재우는 일 또한
인내의 가르침이었음을 깨닫습니다

시간이 흐를수록 되뇌는 것은
당신의 모습을
닮고 싶어서겠지요

천사를 닮은 두 아이와
인자한 눈 맞춤은
몸소 보여주신

절절한 희생의 열매였을 것입니다

인생의 어느 길목에서든
뒤돌아보며
부끄럽지 않은 삶이었기를 소망합니다

그리고 그 길 위에서
빛나는 별이 되고 싶습니다.

사진, 글. 정경자

여기

낯선 듯 낯설지 않고
익숙한 듯 익숙하지 않은 곳

순간 주저앉아
멈춰버린 곳

여기

사진, 글. 정경자

우리

힘겨운 역경과 시련은

서로를

단단하게 결속시켰고

그 결속의 힘은

성장의 원동력이 되어

하늘 높이 뻗어 나간다

사진, 글. 정경자

이어달리기

숨이 턱 끝까지 차올라

　멈춰 설 것 같아도

조금 먹던 힘을 다해

　　달리는 거다

조금만 더 힘을 내라

　　결승선이

　　　눈앞에 있다

사진, 글. 정경자

초심

선택의 갈림길
머뭇거리는 그 순간
나를 찾는 길은
언제나 처음 마음으로
돌아가는 길

사진, 글. 정경자

회상

어느 날이었던가

무더위에 지쳐 힘겨웠던 날들도 있었지

외로움에 눌려

동굴로 숨어들기도 했고

폭풍우 몰아치던 밤에는

그저 숨죽인 채

지나가기만을 기다리기도 했지

지나온 모든 순간이

파도처럼 밀려오는 시간이다

사진, 글. 정경자

나는 어디로

잡힌 것도 억울한데

얼음 이불이 웬 말인고

가는 길도

내 맘대로 못 하는 세상

사진, 글: 정경자

하이킥

도전을 위해 필요한 건

벗어날 용기와 끓어오르는 열정뿐

어정쩡, 우물쭈물은 시간 낭비

방향을 정했으면

거침없이, 하이킥

사진, 글. 정경자

석양

태양은 힘을 잃고
바다를 향해 걸어간다

무거운 짐 내려놓고
고요히 침잠하라

내일은
더 밝은 빛으로
다시 태어나리니

사진, 글: 정경자

파도

성난 마음
잠재우고 나니
별일 아니더라

그저
물거품이더라

사진, 글. 정경자

온기

엄마 마음씨를 닮은

분홍색 모자

손녀딸이 해드린

첫 생일 선물

오랜 사용으로 리본은

곧 떨어질 듯 달랑거린다

마지막 다녀가신 날도

쓰고 오셨던 모자

조그마한 얼굴만큼

머리도 작으셨구나

눈물 날까 봐

장롱 깊숙이 넣어

차마 꺼내지 못했던 모자

귀엽게 쓰시고

해맑게 웃으시던 모습이

아직도 눈에 선하다

시간이 흘러도

그 따스함이 생생한 건

두고 가신 사랑이겠지

사진, 글. 정경자

나는 어떤 빛일까

밤하늘 별처럼 비춰 주던

한 줄기 빛

그 빛을 품고 살아왔고

살며시 스며들어

나를 꿈꾸게 했다

나도

누군가에게 그런 빛이고

힘이고 싶다

따듯한 온기로

바람 불어도 꺼지지 않는

사랑이고 싶다

등대이고 싶다

사진, 글. 정경자

하늘 편지

청명한 햇살 아래

저 아득한 곳에서

보내온

하늘 편지

사진, 글. 정경자

시를 쓴다는 것

시를 쓴다는 건

직선으로 가는 길

돌아섰다가도

다시 돌아오는 길

꾸밈없는

내 마음

숨길 수 없는 길

사진, 글. 정경자

궤적

붉은 얼룩은 계절을 담았다

얼어붙은 눈물 자국엔

짙은 쇠 향기가 스며 있고

잃어버린 기억은

말없이

흔적이 되어 서 있다

사진, 글. 정경자

작가소개

김지영 인스타 @yeongs0198

결국, 종착지에 설 때 스스로에게 좋은 사람이었길 바랍니다. 그러기 위해 읽는 사람이 되었고 더 잘 해내기 위해 쓰는 사람이 되어보기로 합니다. 읽으며 타인을 이해하고 쓰며 나를 더 깊이 바라보는 시간이 나를 더 좋은 사람으로 만들 것이라 믿어봅니다. 그리하여 복욱한 사람이 되고 싶습니다.

강진옥 인스타 @0gam_woman

30년 차 직장인. 책 속에서 더 넓고 다양한 세상을 만나고자 8년째 북클럽에 매달리던 중, 사고 하기와 읽기의 완성은 쓰기임을 깨닫고 세 번째 공저에 도전 중인 초보 작가. 우아한 늙은이가 되는 것을 목표로 책을 옆구리에 끼고 살고 있습니다.

김소연 인스타 @conanverse.one

자기주도학습 전문가이자 엄마, 작가로서 사람의 이야기를 깊이 듣고, 삶에 맞는 길을 함께 그립니다. '배움은 자기 이야기에서 시작된다'는 믿음으로 아이들의 성장과 삶을 잇는 다리가 되고자 합니다. 버거운 날에도 글을 놓지 않는 건, 작은 문장 하나가 누군가에게 조용한 위로가 되길 바라기 때문입니다.

김현주 인스타 @ gaiarang

자유로운 영혼, 내면세계를 탐구하면서 만나게 되는 즉흥의 세계를 글과 다양한 예술로 표현하기를 추구합니다. 모든 생명의 내면에 숨겨진 아름다움을 보여주는 글을 쓰기를 바라며 수행하며 읽고, 쓰고 있습니다.

김혜리 인스타 @hyeri112908

야생동물을 연구하는 학자이자, 자연의 소중함을 전하는 생태학 강사입니다. 그리고 사랑스러운 외동아들과 함께 자라는 워킹맘입니다. 분주한 일상을 살아가면서도 아이에게 더 나은 세상을 남겨주고 싶다는 마음으로 글을 씁니다. 부디 저의 진심이 당신의 마음에 닿아 세상이 조금 더 따뜻해지기를 바랍니다.

박영옥 인스타 @peace_youngock

글을 쓴다는 것은 나를 드러내는 일입니다. 때로는 그것이 부담스럽고 두렵기도 하지만, 그럼에도 계속해서 쓰는 이유는 글쓰기가 곧 나를 찾아가는 과정이기 때문입니다. 또한 나의 글이 누군가에게 위로가 되는 찰나의 순간이 있길 바라는 마음도 있습니다. 아직은 글쓰기 초보이지만, 언젠가 '작가'라는 이름에 어울리는 사람이 되기를 꿈꾸며 오늘도 나는 글을 씁니다.

우연희　refresh43@naver.com

2015년 희귀난치병을 진단받고 투병 중이며 2024년 12월 엄마의 죽음을 기점으로 삶의 정체성을 바꿔 살아가고 있는 사람입니다. 삶의 색안경을 어둠에서 밝음으로, 섬김을 받으려고 하는 자에서 섬기는 자로 삶의 태도를 바꿔 새 삶을 살아가고 있습니다.

정경자 인스타 @Chun.g915

작품 속에 담긴 이야기들이 누군가의 일상에 다가가 잔잔한 위로와 온기가 되기를 소망하며, 나는 오늘도 빛과 함께 길을 걷습니다. 중대 ccp 3년차《portfolio&exhibition》재학 중.